KUNST UND LEBEN IN POMPEJI UND HERCULANEUM

Michael Grant

KUNST UND LEBEN IN POMPEJI UND HERCULANEUM

amber verlag

Einleitung: Michael Grant
Texte von Michael Grant, Antonio de Simone und Gemma Verchi
Deutsche Übersetzung: Christoph Schwingenstein, Berna Höfler
und Holger Fließbach (Kapitel «Geheimkollektion»)
Zeichnungen: Fiorenzo Giorgi

Kunst und Leben in Pompeji und Herculaneum/
Michael Grant. [Dt. Übers.: Christoph Schwingenstein . . .]. –
München : Amber-Verlag, 1982.
Einheitssacht.: The art und life of Pompeji
and Herculaneum
ISBN 3-922954-01-4
NE: Grant, Michael [Mitverf.]; EST

2. Auflage 1986

Satzherstellung: Fertigsatz GmbH, München
Druck und Bindung: Officine Grafiche Arnoldo Mondadori, Verona

INHALTSVERZEICHNIS

EINLEITUNG

Von Michael Grant

Im 18. Jahrhundert, als Pompeji und Herculaneum wiederentdeckt wurden, hieß es, daß «das wichtigste Reiseziel überhaupt die Küsten des Mittelmeers seien». Der Gelehrte, der diese Behauptung aufstellte, war Dr. Samuel Johnson, der dafür bekannt war, daß er hochtrabende Erklärungen abzugeben pflegte; aber hier sei er nun doch, so meinten jedenfalls einige, zu weit gegangen. Jedoch noch heute haben, trotz der Umweltverschmutzung und der politischen Schwierigkeiten, viele dieser Küstenstriche ihre unvergleichliche Schönheit bewahrt. Und der wohl schönste (und auch fruchtbarste) Teil ist Kampanien, der Südwesten Italiens. Zur Küste dieser Landschaft, die etwa 140 Kilometer südöstlich von Rom beginnt, gehört die unvergleichliche Bucht von Neapel. Über der Bucht erhebt sich der Vesuv, der viel mächtiger aussieht, als es seine Höhe von etwa 1280 Metern erwarten läßt. Neapel selbst liegt westlich vom Vesuv, während die Ruinen von Herculaneum im Südwesten und die von Pompeji im Südosten zu finden sind. Neapel war schon in der Antike eine Großstadt – Pompeji und Herculaneum waren dagegen ziemlich klein, mit etwa 25000 beziehungsweise 5000 Einwohnern.

Neapel wurde etwa 650 v. Chr. von den Griechen gegründet, die es Neapolis – die Neue Stadt – nannten. Sie kolonisierten die gesamte Küstenregion und siedelten sich auch in Pompeji und Herculaneum an oder hatten dort zumindest Handelsplätze. In der Folge gerieten die beiden kleineren Städte (Neapel selbst allerdings nie) unter den vorübergehenden Einfluß des einen oder anderen der mächtigen etruskischen Stadtstaaten, die nordwestlich der Stadt Rom lagen, welche damals nur geringen Einfluß besaß. Im 5. Jahrhundert v. Chr. spielten in dieser Gegend die Samniten die entscheidende Rolle; sie waren ein zähes Bergvolk aus dem Inneren der Halbinsel. Aber Rom, das nun rasch wuchs, unterwarf die Samniten und annektierte Kampanien, das sein erstes Tor zum Mittelmeerraum wurde. Dabei brachten die Römer auch Pompeji und Herculaneum unter ihre Herrschaft (310–302 v. Chr.), sie waren aber klug genug, die Selbstverwaltung der Städte bestehen zu lassen. Trotzdem beteiligten sich Pompeji und Herculaneum 91 v. Chr. an einem heftigen Aufstand gegen die Vorherrschaft Roms. Sie wurden vom römischen General Sulla vernichtend geschlagen, der, nachdem er Alleinherrscher geworden war, Pompeji zu einer Kolonie machte. Er setzte eine Gruppe römischer Siedler in die Stadt, beließ ihr aber die Autonomie, allerdings unter einer neuen Verwaltung.

Danach erfreute sich Pompeji weitere eineinhalb Jahrhunderte eines friedlichen Lebens und wachsenden Wohlstandes. Als Hafenstadt, am kleinen Fluß Sarnus (Sarno) gelegen, war es auch ein kleines aber geschäftiges Zentrum des Wein- und Ölhandels (wenn dem pompejanischen Wein auch nachgesagt wurde, daß er einem einen schweren Kopf verschaffe). Die örtliche Industrie stellte auch Wolle und Wollerzeugnisse her. Pompeji exportierte außerdem eine berühmte Fischsauce (s. Anmerkung am Schluß), Obst, Vulkangestein (Tuff) und Mühlsteine.

Seit langer Zeit schien der Vesuv erloschen zu sein. Er war tatsächlich, soweit die Erinnerung zurückreichte, nie ausgebrochen. Dennoch stimmte die Behauptung des Strabo, eines griechischen Geographen, der um Christi Geburt lebte, daß der Krater entsprechend seiner Gestalt vulkanischen Ursprungs sein könnte. Eine erste Warnung, die aber nicht beachtet wurde, erfolgte in der Regierungszeit Neros, im Monat Februar des Jahres 62 n. Chr., durch ein verheerendes Erdbeben, das in allen Städten in der Umgebung des Vesuvs erhebliche Zerstörungen hervorrief und Pompeji am ärgsten traf. Die Zerstörungen waren hier so schwer, daß kaum eines der öffentlichen und privaten Bauwerke vollständig wiederhergestellt war, als siebzehn Jahre später der verhängnisvolle Vulkanausbruch stattfand.

Der Ausbruch des Vulkans erfolgte im Jahre 79 n. Chr. kurz nach der Inthronisation von Kaiser Titus. Am 24. August 79 n. Chr. brach der Morgen zu einem strahlend schönen und heißen Tag an. Seit Tagen waren bereits leichte Erdstöße erfolgt. Quellen waren versiegt, aber niemand schien ernstlich beunruhigt zu sein. Da erfolgte eine plötzliche, heftige Explosion. Wir wissen mehr oder weniger was

geschah, zum einen aus den Analysen der Vulkanauswürfe, die die gesamte Gegend unter sich begruben, zum anderen aus einem berühmten Bericht von Plinius dem Jüngeren, einem Schriftsteller und Neffen des berühmten Enzyklopädisten und Historikers gleichen Namens. Letzterer, also der Ältere Plinius, war damals Kommandant der Römischen Flotte in Misenum (Miseno), das etwa 30 Kilometer entfernt am nordwestlichen Ende der Bucht von Neapel liegt. Sein Neffe war bei ihm und beschrieb Jahre später seine Erinnerungen als Augenzeuge in zwei Briefen an den Historiker Tacitus. Eine breite schwarze Wolke war über der Bucht erschienen und hatte die Sonne geradezu ausgelöscht. «Sie glich in ihren Umrissen eher einer (Schirm-)Pinie als einem anderen Baum, denn sie erhob sich erst wie eine Art Baumstamm zu großer Höhe und verzweigte sich dann in Äste. Ich glaube sie sah so aus, weil sie von der ersten Explosion emporgerissen und dann vom Druck zerteilt wurde oder sie wurde vom eigenen Gewicht wieder nach unten gezogen, so daß sie sich zerteilte und dabei ausbreitete. Stellenweise erschien sie weiß und teils fleckig und schmutzig, je nach der Erde und Asche, die sie mit sich trug.»
Der Ältere Plinius, der einen verzweifelten Hilferuf von einer Freundin erhalten hatte, die an der Küste wohnte, ließ die Flotte auslaufen und ankerte dann an einer Stelle nahe bei Herculaneum, westlich des Vulkans. (Sein Neffe legte besonderen Wert darauf, festzustellen, daß das nicht nur um der Freundin Willen geschah.) Aber schlechte Windverhältnisse und der Trümmerregen machten eine Landung unmöglich und so segelte er nach Stabiae (Castellamare di Stabia, südlich des Vesuvs), wo er die Nacht in einer nahe am Meer liegenden Villa eines Freundes verbrachte. Am anderen Morgen jedoch geriet Plinius, der sehr dick war, am Strand in giftige Dämpfe, fiel um und starb. Erst nach zwei Tagen völliger Dunkelheit, die nur von schrecklichen Blitzen und aufleuchtenden Entladungen elektrischer Stürme unterbrochen wurde, konnte sein Leichnam geborgen werden.
Zu diesem Zeitpunkt war Pompeji bereits völlig ausgelöscht. Seit dem Beginn der Eruption am späten Morgen des 24. hatte die Aschenschicht, die die Stadt bedeckte, bis zur Zeit des Sonnenuntergangs schon eine Höhe von über zwei Metern erreicht. Die Schicht aus festem Basalt, die die Öffnung des Vulkans seit Menschengedenken verschlossen hatte, war in einem überwältigenden Ausbruch von Hitze und Druck aus dem Erdinneren weggesprengt worden. Eine riesige Masse von Lava und Geröll wurde hunderte von Metern weit in die Luft geschleudert und ging dann wie ein Bombenregen auf die Erde nieder. Dem folgte eine undurchdringliche Wolke von glühendem Bimsstein – von weißer, grauer und schmutziggrauer Farbe – die Pompeji mit einer Schicht von gut zwei Metern bedeckte. Dann, in der nächsten Nacht, brachen die Wände des alten Vulkankegels nach innen, was zu neuen Explosionen führte, die den gesamten Landstrich erneut durch heftige Erdbeben erschütterten. Ein Strahl aus Dampf, Asche, Schlacken und Staub schoß steil in die Luft und prasselte als zähe, kochende Masse, die den Erdboden mit einer weiteren über zwei Meter dicken Schicht bedeckte, wieder herunter. Erst am 26. August wurde die Dunkelheit von einem fahlen Licht durchbrochen, das eine Zerstörung von noch nie dagewesenem Ausmaß sichtbar werden ließ.
Ein etwas anderes Schicksal hatte Herculaneum getroffen. Es wurde nicht von Bimsstein und Asche, sondern von einem brennendheißen, sirupartigen Lavastrom bedeckt. Da sich dieser jedoch nicht sehr schnell vorwärtsbewegte, konnte sich der größte Teil der Bevölkerung rechtzeitig in Sicherheit bringen. In Pompeji wurden wesentlich mehr Menschen vom Vulkanausbruch überrascht, die Zahl der Todesopfer betrug etwa zweitausend. Die ersten Flüchtlinge wurden von Lava, Gesteinsbrocken und zusammenbrechendem Mauerwerk erschlagen; wesentlich mehr jedoch erstickten in der Asche oder an den Schwefeldämpfen und Chlorgasen, die aus dem Krater strömten. Zahllose dramatische Spuren dieser tragischen Vorgänge wurden von den Ausgräbern gefunden. In einem Haus war ein Zimmer, in das sich eine Gruppe geflüchtet hatte, mit einem eisernen Laden verschlossen; im Inneren wurden die Überreste von zwölf Menschen gefunden. Auf der Schwelle eines anderen Hauses lagen die Herrin und drei ihrer Mädchen; ihr Schmuck und ihr Geld waren um sie herum verstreut. Bei einem anderen Haus war das obere Stockwerk eingestürzt und hatte sieben Kinder unter sich begraben. Die Priester des Tempels der ägyptischen Göttin Isis versuchten, sich durch Flucht in Sicherheit zu bringen; aber einer nach dem anderen brachen sie an verschiedenen Stellen zusammen. Die wertvollen Dinge, die sie mit sich trugen, waren um sie herum verstreut. Die letzten von ihnen, die sich noch auf den Füßen halten konnten, flüchteten in ein Haus, von wo aus einer versuchte, sich mit einer Axt den Weg durch zwei Mauern hindurch freizuschlagen, allerdings vergeblich, sie kamen alle um.
Was an kleinen Dingen erhalten blieb, ist außerordentlich und geradezu unheimlich. Eier und Fische wurden so gefunden wie sie liegengeblieben waren, weil für ihren Verzehr die Zeit nicht mehr reichte. In einem Restaurant wurden im Herd einundachtzig verkohlte Brötchen gefunden; sie waren, kurz bevor das Haus verschüttet wurde, in den Herd geschoben worden. In einem anderen Gasthaus hatten Gladiatoren keine Zeit mehr auszutrinken und ließen bei ihrer Flucht ihre Trompeten liegen. In ihren Unterkünften starben sechzig Gladiatoren, einige von ihnen in Ketten, sowie eine schmuckbehängte Dame, die bei einem der Gladiatoren zu Besuch war. Nur wenige Lasttiere verloren in der Stadt ihr Leben, da die meisten zur Flucht verwendet wurden. Aber tote Hunde wurden gefunden, und einer von ihnen lieferte ein schreckliches Zeugnis der Katastrophe, denn er hatte den Leichnam seines Herrn, der neben ihm lag, angefressen, bevor er selbst auch umkam. Auch außerhalb der Stadtmauern spielten sich Tragödien ab. Auf einem der Friedhöfe in den Außenbezirken flüchteten vierunddreißig Männer, Frauen und Kinder in ein Grab. Sie hatten große

Lebensmittelvorräte einschließlich einer Ziege dabei, aber alle – Ziege und Menschen – verloren ihr Leben. Auch Fluchtversuche auf das Meer hinaus blieben erfolglos, denn selbst wenn sich jemand bis zur Küste durchgeschlagen hatte, machten es der Sturm und die Brecher doch unmöglich, mit einem Schiff hinauszufahren.
In den ersten Tagen nach dem Vulkanausbruch, bevor sich die Schuttablagerungen verfestigt hatten, wurden Versuche unternommen, an die darunterliegenden Wertgegenstände heranzukommen. Gruppen von Überlebenden – Retter oder auch Plünderer – brachten in Sicherheit was sie konnten, wobei sie die höchsten Teile der Gebäude, die noch aus dem Schutt herausragten, als Orientierungshilfen nahmen. So wurden insbesondere Bronzestatuen und Marmorreliefs vom Forum weggeschleppt. Die Besucher dieser schrecklichen begrabenen Welt ließen Wandinschriften zurück. Eine – von einem Juden oder Christen – sagt ganz einfach «Sodom und Gomorrah». Kaiser Titus ordnete Hilfsmaßnahmen an, sie scheinen aber nicht viel bewirkt zu haben.
In den folgenden Jahrhunderten wurden in der Nähe von Pompeji und den anderen zerstörten Ortschaften nach und nach neue Siedlungen gegründet. Von den alten Stätten vernahm man aber nichts mehr bis zum 18. Jahrhundert, als dann vereinzelte, provisorische und unsystematische Grabungen unternommen wurden, um an die weit unter der Erdoberfläche liegenden, unvorstellbaren Reichtümer heranzukommen. Die Wirkung dieser Funde auf die Anfänge der modernen italienischen Archäologie, auf die Phantasie der deutschen Schriftsteller wie Goethe und auf die Innenarchitekten in Westeuropa (wo zu dieser Zeit der künstlerische Geschmack sich zum Neoklassizismus hingewandt hatte und daher für solche Einflüsse offen war) ergibt eine Fülle faszinierender Geschichten.
Die Unternehmungen von Sir William Hamilton, der von 1764 bis 1800 britischer Gesandter am Hof des Königs von Neapel war, verdienen es ebenfalls, erwähnt zu werden. Viele wertvolle Objekte aus Pompeji und Herculaneum fanden ihren Weg in seine Privatsammlung. Er war jedoch in der Folge gezwungen, viele Stücke wieder zu verkaufen, weil er «so viel für Emma ausgegeben hatte», seine wunderschöne junge Frau, die später die Geliebte von Admiral Horatio Nelson wurde (und jede Menge mitnahm). Danach stellte Sir William eine zweite Sammlung zusammen. Diese versank 1798 beim Untergang der H.M.S. Colossus vor den Scilly Inseln. 1975 wurden die aus dem Schiff geborgenen Reste des Schatzes vom Britischen Museum übernommen, sorgfältig restauriert und können nun wieder ausgestellt werden.
Besonders muß auch Giuseppe Fiorelli gewürdigt werden, mit dessen Hinwendung zu den alten Stätten (1860–1875) die systematischen Ausgrabungen begannen. Er war es, der es als erster unternahm, die Gebäude so zu restaurieren, daß sie für Besucher verständlich wurden. So wurden die zerstörten Städte selbst zu hochinteressanten Museen, und man muß dem sicher zustimmen, daß sie in ihrem jetzigen Umfang in die Reihe der «Museen der Welt» aufzunehmen sind. Fiorellis Wunsch war es, soviele Objekte als möglich am Fundort zu belassen, anstatt die besten wegzuschaffen und sich um den Rest nicht zu kümmern (obwohl es sich aus heutiger Sicht als klüger erwiesen hat, die wichtigeren Objekte in das Archäologische Nationalmuseum von Neapel zu bringen). Darüberhinaus hat Fiorelli ein hervorragendes Verfahren entwickelt, Gestalt und Aussehen der Menschen wiederherzustellen, deren Überreste gefunden wurden. Er erkannte, daß sich die Ascheablagerungen um die Körper herum derart verfestigt hatten, daß sie Hohlformen ergaben. In diese Hohlräume wurde ein Rohr gesteckt (nachdem die Knochen entfernt waren), durch das sie mit einem speziellen, langsam aushärtenden Gipsbrei gefüllt wurden, mit dessen Hilfe die ursprüngliche Gestalt als Gipsabguß wiedergewonnen werden konnte. Die Ergebnisse dieser Vorgehensweise sind wirklich erstaunlich. Sogar die Umrisse der Kleider und Sandalen sowie die Haare am Kopf, im Gesicht und am Körper werden genau wiedergegeben; auch die Gesichtsausdrücke im Todeskampf sind über die Jahrhunderte hinweg bis heute erhalten geblieben. Erst im vorigen Jahr wurde die Technik Fiorellis erneut angewandt. Es handelte sich um zwei neue Funde von Flüchtenden, die auf einem außerhalb der Stadt liegenden Friedhof erstickten. Eine der Toten war ein junges Mädchen, das silberne Armbänder trug und eine Bronzestatuette auf seine vergebliche Flucht mitgenommen hatte.
Das alles ist makaber und doch berührt und fasziniert es uns. Daß wir es faszinierend finden, wirft die interessante Frage auf, was wir wohl für Menschen sind und wie wir fühlen. Haruko Ichikawa, ein japanischer Schriftsteller, war über das posthume Schicksal der auf diese Art wiedererstandenen Menschen wesentlich mehr beunruhigt. Er meinte, daß «es kein erfreulicher Gedanke sei, in zweitausend Jahren Teil einer Show zu werden». Aber genauso wichtig ist die Frage, weshalb wir selbst soviel Freude an der Show haben.
Das ist jedoch eine Frage, die umfassender betrachtet werden muß. Sie betrifft nicht nur die Wirkung der toten Körper auf uns, sondern auch die Wirkung der ganzen toten Stadt, wie sie da vor uns liegt zur Betrachtung und zu unserer Unterhaltung. Goethe sagte: «Es haben sich viele Katastrophen auf der Welt ereignet, aber es ist keine darunter, die auf die heutigen Menschen einen derartigen Reiz ausübt wie diese eine.» Eine derartige «Freude an Ruinen» bezeichnete der Novellist Henry James als ein herzloses, perverses Vergnügen, und es war besonders die Leblosigkeit Pompejis, die Sir Walter Scott zutiefst bedrückte. Als er als alter Mann durch die leeren Straßen ging, murmelte er wiederholt: «Die Stadt des Todes! Die Stadt des Todes!» Einer der Gründe für Scotts Depressionen wurde von seinem späteren Mitautor Malcolm Lowry genannt: «Es ist als ob man hören könnte, wie das *eigene Leben* ins Verhängnis stürzt.» «Denke daran, daß auch Du sterben mußt», diese Botschaft vernimmt sicherlich jeder, der in Pompeji war. Das allein ist es aber nicht, denn die wahre Wirkung dieser Stätte liegt in

der überwältigenden Art und Weise, wie sie *Tod und Leben* ganz dicht beieinander sichtbar werden läßt. Leben ist im Tod und Tod ist im Leben; diese Stätte ist gleichzeitig durchdrungen von einer Aura der Wirklichkeit und der Unwirklichkeit.

Diese Gleichzeitigkeit wird einem am unmittelbarsten bewußt, wenn man die Gipsabgüsse von den Männern, Frauen, Mädchen und Knaben betrachtet, die mitten in der Bewegung dahingerafft wurden und erstarrt sind. Es waren ganz gewöhnliche Menschen, Leute, die sicher ein ganz normales Leben führten, die aber durch eine ungewöhnliche Schicksalsfügung ein katastrophales Unglück erlitten, das uns ihr Aussehen bis heute lebendig erhalten hat. Gerade sie sind es – Einzelwesen und doch Vertreter der gesamten Menschheit –, die Pompeji so einmalig sein lassen. Und ihre Einmaligkeit wird besonders hervorgehoben durch die Gegenstände aus ihrem täglichen Leben, die um sie herum gefunden wurden: Lebensmittelreste, das Tintenfaß eines Schuljungen, die Würfel und Knochenstückchen zum Spielen, Lampen, Flaschen und Töpfe, die Siegel von Händlern, der Hobel des Zimmermanns, die Instrumente eines Arztes, halbfertige Stücke am Arbeitsplatz des Juweliers, Gartenschmuck (nicht jedermanns Geschmack, aber wesentlich besser als die heutigen Plastikzwerge) und die Marmortafel, auf der der Freigelassene Januarius das Salz- und das Frischwasserbad des Marcus Crassus Frugi empfiehlt.

Und dann sind da noch die zahllosen Botschaften, die auf allen Mauern Pompejis entweder gemalt oder eingekratzt zu sehen sind. Die gemalten Inschriften umfassen eine Fülle an kommunalen Wahlkommentaren und an Wahlpropaganda. Im Gegensatz zu Rom, wo der Schatten des Kaisers dämpfend wirkte, waren in Pompeji die Rivalitäten bei den jährlichen Wahlen für die höchsten Ämter äußerst heftig. Zur Zeit des Vulkanausbruchs war die Wahlkampagne des Jahres 79 gerade in ihre heiße Phase gekommen und hatte ihre Spuren in den Inschriften zahlloser Stimmenwerber hinterlassen. Mir scheint, daß einige von ihnen eher *gegen* den Kandidaten waren, für den sie warben. Ein gewisser Vatia zum Beispiel wurde scheinbar von all denen unterstützt, «die richtige Schlafmützen sind» und «die bis spät in die Nacht saufen» – und von den Taschendieben der Stadt. Ein anderer Kandidat weist ein eher abwertend wirkendes Zeugnis vor: «Seine Großmutter hat für seine letzte Wahl äußerst hart gearbeitet.» Und ein anderer hatte einen unermüdlichen Helfer in «seiner kleinen Freundin», was wohl nicht die bestmögliche Empfehlung war.

Den stärksten Eindruck hinterlassen jedoch die zahllosen Graffiti, die in die Mauern geritzt wurden. Leider fallen diese Inschriften den Besuchern nicht sonderlich ins Auge, denn sie sind oft nur eingekratzt und kaum zu sehen. Viele sind auch ins Museum nach Neapel gebracht worden oder einfach abgebröckelt. Die meisten wurden jedoch vorher noch sorgfältig kopiert und archiviert; für spätere Forschungen versprechen sie noch reiche Ergebnisse. Ich glaube, daß nichts anderes uns so umfassende Auskünfte über das Leben und Denken der Menschen im Römischen Reich erteilen kann wie diese Inschriften.

Die Graffiti umfassen ein breites Spektrum menschlicher Aktivitäten – Politik, Literatur, Wald- und Wiesen-Religionen, Toiletten-Witze, und vor allem (wie heute) Sex in alarmierender Vielfalt und Häufigkeit. Sex erscheint auch auf vielen Gemälden, ganz besonders in den sieben (nach letzter Zählung) Bordellen, die die kleine Stadt aufzuweisen hatte. Sex wird in Pompeji ganz offen behandelt und Darstellungen des männlichen Gliedes sind besonders häufig. Das wirft nun eine besonders interessante Frage auf: War das im gesamten Römischen Imperium so, oder war die griechische Kultur gerade in dieser Gegend besonders unbeeinflußt geblieben? Auf diese Frage gibt es keine gesicherte Antwort, denn nirgends sonst gab es so reiche Funde und blieb soviel erhalten wie in Pompeji. Aber man kann doch wohl sagen, daß in Pompeji und den Nachbarstädten, wegen ihres kulturellen Hintergrundes, dieses Thema mit größerer Kunstfertigkeit abgehandelt wurde als irgend sonstwo.

Das gilt auch für alles andere in Pompeji und sollte all denen ein deutliches Zeichen sein, die sich einbilden, die Menschheit hätte seit dem Altertum auf allen Gebieten nur Fortschritte gemacht. Ob sich die Moral nun verbessert hat oder nicht (was sich sowieso sehr schwer feststellen läßt), so ist zumindest das eine zu sagen: Keine unserer heutigen Städte von vergleichbarer Größe weist auch nur annähernd den künstlerischen Rang der Städte rund um den Vesuv auf. Auch das kulturelle Angebot war in Pompeji und Herculaneum wesentlich beeindruckender als es in vergleichbaren heutigen Städten ist. Welche heutige Stadt mit fünfundzwanzigtausend Einwohnern hat schon zwei Theater, ein großes und ein kleines? Welche Stadt des zwanzigsten Jahrhunderts hat schon vier öffentliche Bäder (ohne die, die vielleicht noch ausgegraben werden) mit großzügigen, luxuriösen Klubeinrichtungen und reichen Stuckverzierungen an Wänden und Gewölben? Darüberhinaus kamen in Pompeji zehn Tempel ans Tageslicht, die, als sie noch unzerstört waren, einen beeindruckenden Anblick geboten haben mußten. Obwohl ihre Überreste vergleichsweise wenig Substanz bieten, sind sie doch geradezu Schatzgruben an Informationen über die alten Religionen.

Zum Amphitheater der Stadt muß man wohl die übliche widersprüchliche Meinung äußern. Wie alle anderen auch, diente es den brutalen Zurschaustellungen von Gladiatorenkämpfen – und es ist gut zu wissen, daß es im Jahre 59 n. Chr. wegen schwerer Zuschauerausschreitungen von Nero für eine bestimmte Zeit geschlossen wurde. Aus architektonischer Sicht bieten natürlich heute seine Bögen und der weite Zuschauerraum einen prachtvollen Anblick. Darüberhinaus ist es erwähnenswert, daß wir hier, in einer so kleinen Stadt, das älteste Beispiel dieses Gebäudetyps haben, das sich auf das Jahr 80 v. Chr. datieren läßt. Ein ebenso beeindruckend frühes Entstehungsdatum weist die Basilika von Pompeji auf. Diese imponierenden öffentlichen Gebäude der heidnischen römischen Welt sind die Vorbilder

der Gerichtsgebäude, der christlichen Basiliken, italienischer Galerien und der Börsen in unserer Zeit. Die Basilika von Pompeji wurde um 100 v. Chr. erbaut, also deutlich früher als irgendeine der uns in Rom selbst bekannten Basiliken. Das ist nur eines der zahllosen Beispiele, die zeigen, wie wichtig Pompeji für unsere Kenntnisse der Baugeschichte ist.

Die Basilika von Pompeji liegt am Forum der Stadt. Dieser Typ des offenen Stadtplatzes nimmt unter den Leistungen der frühen Architektur und Stadtplanung in Italien einen hohen Rang ein. An drei Seiten von Kolonnaden umgeben, wie die griechischen Marktplätze, aber wesentlich beeindruckender – die vierte Seite wurde vom Haupttempel der Stadt, dem des Jupiter, eingenommen – mußte die Gesamtkomposition des Forums von Pompeji einen erfreulichen und stimulierenden Anblick geboten haben. Es war ein nicht unbedeutender Vorfahr der zentralen offenen Plätze, die den Ruhm der späteren italienischen Städte ausmachen und die ihren Höhepunkt in der Piazza San Marco (Markusplatz) in Venedig fanden. Das Forum von Pompeji leer zu sehen ist eigentlich unnatürlich und aus dieser Sicht erfüllen die heutigen Touristen auch ihren Zweck, indem sie nämlich dieses unnatürlich leblose Vakuum mit Leben erfüllen. In historischer Zeit waren diese Foren, wie es Lord Clark so trefflich bemerkt, «die offenen Plätze der italienischen Zivilisation, von deren umgebendem Mauerwerk das Echo der ungehemmten Lebensfreude widerhallte».

Dennoch sind es nicht die öffentlichen Gebäude Pompejis, die uns das meiste über die Einwohner erzählen, sondern die Privathäuser. Eines der erfreulichsten Ergebnisse der jüngsten Grabungen und Untersuchungen ist die umfassendere Kenntnis der verschiedenartigen Behausungen der Armen und Unterprivilegierten (dazu zählt auch, aus den letzten Jahren der Stadt, die Aufteilung größerer Häuser in viele kleinere Wohnungen). Ich hoffe, daß es nicht allzulange dauert, bis ein umfassender Bericht hierüber geschrieben wird, damit die Fortschritte in unserem soziologischen Wissen über die römische Welt bekannt werden. Diese Kenntnisse haben auch durch die Entdeckung kleinerer Geschäfte und Gaststätten, sowie der bemerkenswerten sozialen Mobilität, die an diesem Ort zu erkennen war, erheblich zugenommen. Es sind aber zweifellos die Häuser der Bessergestellten, die die Zeit am besten überdauert haben und bei uns den bleibendsten Eindruck hinterlassen. So wurden mit einigen Einschränkungen gerade diese Häuser auch immer als die allerschönsten Monumente bezeichnet, die die antike Welt uns hinterlassen hat.

Sie sind nach innen ausgerichtet und erhalten auch ihr Licht in der Hauptsache nicht durch Außenfenster, sondern über Innenhöfe. Jeder, der Kampanien an einem heißen, sengenden Sommertag besucht, wird die Leistung der Architekten bewundern, die zur Abschirmung der Hitze und des Lärms draußen kühle Inseln der Ruhe erdacht und erbaut haben. Den Haupthof dieser Häuser bildete ein rechteckiges «Atrium» (möglicherweise wurde diese Form von den Etruskern übernommen), über dem sich im Dach gewöhnlich eine Öffnung befand, mit einem Auffangbecken für das Regenwasser darunter. Um das Atrium herum waren verschiedene Zimmer angeordnet und dahinter befand sich, vorausgesetzt es war noch genügend Platz vorhanden, ein ummauerter und überdachter Garten, auch Peristyl genannt. Die größten Häuser besaßen außerdem einen offenen Garten oder einen Obstgarten.

Einige dieser Gebäude hatten Grundflächen bis zu 580 Quadratmetern. Aus heutiger Sicht wirken manche ihrer Einrichtungen nicht sonderlich beeindruckend. So sind zum Beispiel die Zimmer (besonders die Eßzimmer) oft düster und klein und die Küchen- und Toiletteneinrichtungen nur dürftig. Die Heizung, hervorragend in den Thermen, war in den Privathäusern unvergleichlich schlechter, obwohl der Winter in Pompeji sehr kalt sein kann. Fensterscheiben (wieder im Gegensatz zu den Thermen) waren nur selten oder gar nicht vorhanden, so daß die Fenster mit Holzläden verschlossen wurden. Die künstliche Beleuchtung mit Fakkeln, Wachsstöcken und großen Kerzen war ungenügend und stark riechend.

Die Gärten dagegen waren sehr lieblich; was sie an Pflanzen enthielten, wurde sorgfältig rekonstruiert, wobei wieder die Methode Fiorellis zur Anwendung kam, hinterlassene Hohlräume mit Gips auszugießen. Das Beeindruckendste aber, was uns erneut an den allgemein verbreiteten guten Geschmack erinnert, ist die Innenausstattung dieser Häuser. Hier gab es zwei Hauptbereiche: Zum einen waren die Mauern vom Boden bis zur Decke mit Wandmalereien und zum anderen die Fußböden von Wand zu Wand mit Mosaiken versehen. Auf Holz gemalte Bilder als Wandschmuck waren nicht unbekannt und Teppiche gab es natürlich auch. Sie waren aber nicht sehr verbreitet, da sie, den Vorstellungen im Altertum entsprechend, die Architektur des Hauses nur störten (aus diesem Grund war auch die Möblierung sehr sparsam). Pompeji bietet uns deshalb, über Jahrhunderte hinweg, eine Fülle an Anschauungsmaterial zu Wandmalereien und Bodenmosaiken, die sich zum Teil zu Typenreihen zusammenfassen und eine zeitliche Entwicklung erkennen lassen. In diesem Buch sind einige der Meisterstücke abgebildet, bei denen es sich nicht nur um Kopien bedeutender griechischer Wandmalereien, sondern auch um völlig selbständige Originalwerke handelt. Die angewandte Technik, nämlich auf einen sorgfältig präparierten, mit Kalkmörtel überzogenen Untergrund zu malen und anschließend das Gemälde mit einem Firnis aus Marmorstaub zu versehen, was einen durchschimmernden Glanz ergibt, erforderte außerordentliches handwerkliches Können und war ein sehr schwieriger Prozeß, der mit größter Sorgfalt durchgeführt werden mußte.

Die Malereien werden für gewöhnlich nach vier aufeinanderfolgenden Stilen unterschieden, die sich allerdings überschneiden, und die, wenn man sich einmal näher mit der Materie befaßt, eigentlich neu geordnet werden müßten. Aber sie haben natürlich ihren Zweck bei der Einordnung

der Hauptentwicklungslinien durchaus erfüllt. Die früheste Art der Wandmalerei, die in Pompeji nachweisbar ist, stammt vom Anfang des 1. Jahrhunderts v. Chr., sie wird als Inkrustationsstil bezeichnet (von *crusta*, Marmorplatte) und zwar deshalb, weil, wie bei griechischen Arbeiten früherer Jahrhunderte, hierbei die optische Wirkung von Marmor-, Alabaster- und Porphyrwandverkleidungen imitiert wird. Darauf folgte später, aber noch im selben Jahrhundert, der zweite Stil, auch als Architektur- oder Illusionsstil bezeichnet. Man sieht verwegene, perspektivische Darstellungen von Straßen, Häusern und Kolonnaden, sowie Bühnenbilder, die eine Illusion von Weitläufigkeit vermitteln, die die Zimmer gar nicht besitzen. Gleichzeitig entstanden auch sehr hübsche, hervorragend gearbeitete Stilleben und ländliche Szenen, die die holländischen Meisterwerke eines späteren Jahrtausends vorwegnahmen.
Der dritte Stil, der sich mit dem zweiten überschnitt und bis etwa 50 n. Chr. andauerte, gab diese illusionistischen, räumlichen Darstellungen auf und reduzierte die Formen auf zarte, pflanzenartige Kandelaber, Weinranken und Girlanden, in denen der architektonische Charakter nur noch zum Ornament vor der Farbe wurde, die den ganzen Hintergrund ausfüllte. Der vierte Stil, der sich schon während der Dauer des dritten Stils herausbildete, blieb bis zum Untergang von Pompeji bestimmend. Vierter Stil ist eine eher nichtssagende Bezeichnung für eine Fülle unterschiedlicher Motive; der größte Teil der in Pompeji erhalten gebliebenen Wandmalereien ist ihm zuzuordnen. Architektonische Ansichten – belebt mit kleinen Figuren und Fabelwesen – wurden mehr zum ornamentalen Charakter hin verfeinert. Beliebt wurden nun auch Darstellungen mit mythologischer Bedeutung: In den besten dieser Werke sind Gesichter und Emotionen mit wenigen kühnen, impressionistischen Pinselstrichen äußerst lebendig hingeworfen. Es sind einfühlsame Portraits – möglicherweise der Hausbesitzer –, in denen die Stimmungen der Dargestellten scharfsinnig wiedergegeben werden. Im vierten Stil finden sich auch romantische, idyllische und pastorale Landschaftsszenen, einschließlich ägyptischer Flußlandschaften und exotischer Menagerien. Die handwerklichen Fähigkeiten, die aus diesen vielen Darstellungen zu erkennen sind, weisen beträchtliche Unterschiede auf. Einerseits dürften einige Hausbesitzer wohl nicht besonders wählerisch gewesen sein, und es ging ihnen nicht so sehr um das Kunstwerk als darum, ihren Reichtum und sozialen Stand nach außen hin vorzuführen. Auf der anderen Seite waren natürlich nach dem Erdbeben im Jahre 62 n. Chr. alle Künstler, ob gut oder schlecht, überbeschäftigt, da fast alle Wände neu bemalt werden mußten. Dennoch ist das aus den Malereien ersichtliche Niveau vieler Künstler bemerkenswert hoch und ihre Leistung außerordentlich. Die roten Hintergründe – das berühmte pompejanische Rot – behält man in Erinnerung, ebenso die Luftigkeit und Lichtwirkung dieser Werke.
Auch Bodenmosaiken wurden in Pompeji zu einer typischen, dauerhaften und erfolgreichen Kunstgattung. Kleine eingefärbte Stein- und Marmorwürfel wurden hierfür in Zement eingebettet. Man muß Sir Mortimer Wheeler zustimmen, wenn er sagt, daß das Bodenmosaik *die* römische Kunstrichtung schlechthin ist. Die Griechen hatten bei ihren frühen Versuchen auf diesem Gebiet die Mosaiken nur als Alternativen für Teppiche in der Mitte des Raums oder für Fußmatten an der Tür betrachtet. In Italien, besonders auch in den Städten rund um den Vesuv, wurde diese Tradition nicht nur fortgesetzt, sondern man kam hier zu einer Betrachtung des Fußbodens als unabhängiger Gesamtfläche, die als Ganzes durch ein einheitliches Mosaik gestaltet wurde. Mosaiken gibt es in Pompeji in allen Größen, und sie umfassen eine Fülle an farbenprächtigen Themen, an künstlerischen Variationen und Methoden.
Das berühmteste der großformatigen Mosaiken zeigt eine Szene aus der Schlacht von Issus (333 v. Chr.) zwischen Alexander dem Großen und den Persern. Es ist einem verlorengegangenen griechischen Original nachempfunden. Unzählige weitere kunstvolle Mosaiken sind erhalten geblieben. Viele von ihnen befinden sich im Museum in Neapel, ebenso wie die Wandmalereien. Dazu gehören auch reizvolle Miniaturmosaiken, die aus winzigen Würfeln gefertigt sind und sinusförmige Linienornamente darstellen; hierbei handelt es sich nicht nur um Bodenmosaiken, einige waren auch an Marmorsäulen angebracht. Auf einer dieser Miniaturen ist ein besonders wirkungsvolles Frauenportrait zu sehen, andere geben Theaterszenen wieder. Ein Mosaik, auf dem der unaufgewischte Fußboden in einem Eßzimmer dargestellt ist, dürfte eine Ermahnung an unaufmerksame Diener gewesen sein (so auch die an die Wände von Eßzimmern gemalten Aufforderungen an die Diener, sich während des Essens ordentlich zu betragen – wie sie zum Beispiel im Haus des Moralisten gefunden wurden). Genauso aufsehenerregend ist die Darstellung eines Kampfes zwischen einem Kraken und einem Hummer, die für den Boden eines Teiches oder eines Schwimmbads vorgesehen war. Man begann auch damit, die Mosaiken auf Wänden und Gewölben fortzusetzen, wo sie, Jahrhunderte später, zu einer charakteristischen Form der byzantinischen Kunst wurden. In den Brunnennischen der Innenhöfe müssen sie bei starkem Sonnenschein besondere Lichteffekte bewirkt haben.
Die größten Häuser, die als «Villen» bezeichnet werden, lagen nicht innerhalb der Stadtmauern, sondern in der Umgebung. Diese Landhäuser waren luxuriöse Sommerresidenzen der reichen Damen und Herren. Sie waren von riesigen, landwirtschaftlich genutzten Flächen umgeben. Die Villa des Publius Fannius Sinistor bei Boscoreale bietet erstaunliche architektonische Aspekte, die Villa der Mysterien ist schon seit langem für ihre außerordentlichen religiösen Wandmalereien bekannt, die sich mit den Riten des Dionysoskults befassen. Die außerhalb Herculaneums gelegene Villa der Papyri (die im Bau des J.-Paul-Getty-Museums in Malibu, Kalifornien, mit großem Einfühlungsvermögen rekonstruiert wurde) ist berühmt wegen der reichen Funde an Papyri und Bronzestatuen. Sorgfältige Untersuchungen

in der ganzen Gegend brachten zahlreiche weitere Villen ans Tageslicht, die für die gegenwärtige Forschung ein besonders ergiebiges Feld darstellen. So wurden beispielsweise etwa fünf Kilometer südlich von Pompeji, an den Hügeln am Meer oberhalb von Stabiae (Castellamare di Stabia), mehr als ein Dutzend solcher Häuser ausgegraben. Vor kurzem wurde bei Oplontis oder Oplontiae (Torre Annunziata), etwa fünf Kilometer westlich von Pompeji, eine weitere, sehr beeindruckende Villa samt den dazugehörigen Wirtschaftsgebäuden entdeckt; mehr als fünfzig Zimmer und eine lange Kolonnade, die sich auf der Südseite über der Küste erhebt, sind schon ausgegraben worden. Diese Villa hatte, wie so viele andere auch, beim Erdbeben im Jahre 62 n. Chr. erhebliche Zerstörungen erlitten. Siebzehn Jahre später wurde sie infolge des Vulkanausbruchs unter einer mehr als zwei Meter hohen Asche- und Bimssteinschicht und einer weiteren, etwa fünf Meter dicken Schlammschicht begraben.
Bei diesen Landhäusern ist sicherlich noch mehr, noch viel mehr, zu entdecken. Aber das gilt natürlich genauso für Pompeji; zwei Fünftel des Stadtgebietes sind noch nicht ausgegraben. Glücklicherweise werden die Ausgrabungen kontinuierlich weitergeführt. Einzelne wichtige Entdeckungen wurden nicht nur in Stabiae, Oplontis und Herculaneum gemacht, sondern auch im unmittelbaren Bereich von Pompeji. Hierzu gehören Funde in einem Weingarten innerhalb der Stadtmauern und in einer Nekropole in den Außenbezirken, außerdem in einigen Stadthäusern, wie dem des Sallust (nicht des Dichters) und dem des Gaius Julius Polybius. Im Haus des letzteren, dem Hotels und Gaststätten in der Stadt gehörten, werden immer wieder bedeutende Funde gemacht, wie erst kürzlich eine Kollektion von Bronzen (unter ihnen die bemerkenswerte Statue eines jungen Mannes), die zu den wichtigsten Grabungsergebnissen der letzten Jahre überhaupt gehören.
Wir wollen hoffen, daß der Vesuv nicht noch einmal ausbricht. Allzu optimistisch sollte man aber nicht sein. Jeden Monat registriert die örtliche Beobachtungsstation bis zu zehn *microterremoti*, Mini-Erdbeben. Darüberhinaus erfolgten seit 79 n. Chr. nicht weniger als siebzig Eruptionen, im Durchschnitt alle siebenundzwanzig Jahre eine. Die letzte ereignete sich 1944, vor fündunddreißig Jahren also. Sie erinnerte daran, daß der Vesuv der letzte aktive Vulkan auf dem Kontinent ist – und daß er bestimmt wieder ausbrechen wird, auch wenn die letzte Pause nun schon recht lange andauert. Es ist zu befürchten, daß der nächste Ausbruch besonders schlimm wird. Beim letzten Ausbruch 1944 stürzten die Kraterwände nach innen ein, wodurch der Vulkanschlot verstopft wurde. Aus diesem Grunde wird sich die darunterliegende Lava wohl wieder solange erhitzen, bis sie sich in einer erneuten Explosion, genau wie 79 n. Chr., den Weg freisprengen kann. Wie sagte Charles Dickens so treffend: «Der Berg ist der Genius der Szenerie, das Verhängnis und das Schicksal dieses schönen Landstrichs, in ihm ruht die verbleibende Zeit.»
Anmerkung. Für Leser, die sich stark genug für eine pompejanische Fischsauce (garum) fühlen, wiederhole ich ein Rezept aus meinem Buch «Cities of Vesuvius». «Die Eingeweide von Sprotten und Sardinen – die sich nicht zum Einsalzen eignen – werden mit feingehacktem Fisch, Roggen und Eiern vermischt. Dieses Gemisch wird in einem warmen Raum so lange geschlagen, bis es eine homogene Masse bildet, die zu gären beginnt. Wenn dieses *liquamen*, wie es genannt wird, nach etwa sechs Wochen infolge Verdunstung erheblich zusammengeschrumpft ist, wird es in einen Korb mit perforiertem Boden gegeben, durch den der Rückstand langsam in einen Auffangbehälter durchgefiltert wird. Dieses Endprodukt, das in Krüge abgefüllt wird, ist die berühmte *garum*; der verbliebene Bodensatz, eßbar und sehr beliebt, hieß *allec*».

(Michael Grant)

DIE «CITY» ÖFFENTLICHE GEBÄUDE, HANDEL UND GEWERBE

Luftbild von Pompeji mit dem Vesus im Hintergrund.

Lage und Straßen

Pompeji wurde auf einem großen Plateau erbaut, das in prähistorischen Zeiten von Lavamassen des Vesuvs gebildet worden war und auf einer Meereshöhe von etwa 30 Metern liegt. Die Ursprünge Pompejis reichen bis in die Mitte des 7. Jahrhunderts v. Chr. zurück. Es lag am Schnittpunkt dreier bedeutender Handelsstraßen, die von Stabiae, Nola und Cumae herführten. Wie es so oft geschieht, gab auch hier der rege Warenverkehr die Anstöße zur Gründung und zum raschen Wachstum eines Marktes an der Kreuzung, was in der Folge auch zur Entstehung weiterer Siedlungen in der Umgebung führte.

Der Lageplan der Stadt spiegelt ihre früheste Geschichte wieder. Sie erstreckt sich entlang zweier paralleler Durchgangsstraßen, der Straße aus Nola und der Via dell'Abbondanza, die beide von der Straße aus Stabiae, der Via Stabiana, gekreuzt werden. Das Forum liegt zwischen den beiden Parallelstraßen, etwas westlich von deren Kreuzung mit der dritten Straße und zwar genau in dem Gebiet, wo auch schon der ursprüngliche Markt entstanden war.

Die beiden übrigen Zentren des öffentlichen Lebens von Pompeji lagen an denselben Hauptverkehrsadern. Das waren zum einen der Theaterbezirk mit den Stabianer Thermen an der Kreuzung der Via Stabiana mit der Via dell'Abbondanza und zum anderen das Amphitheater, das nahe der letzteren lag. Tatsächlich war die Via dell'Abbondanza die Hauptstraße Pompejis und zwar deshalb, weil während der ganzen Entwicklungsgeschichte der Stadt ständig neue Häuserblocks entlang dieser Straße entstanden. Nach dem heutigen Stand der Ausgrabungen war es eben die Straße mit den meisten Läden und Werkstätten von Handwerkern.

Wie alle Städte, die auf flachem Land gebaut wurden und erst unter dem Einfluß der griechischen und dann der römischen Vorbilder standen, wurde auch Pompeji zum größten Teil von geraden Straßen, die sich im rechten Winkel kreuzten, in rechteckige Blöcke und Viertel unterteilt, mit schmalen Gassen zwischen den Häusern. (S. 20)

Links:
Bacchus neben dem Vesuv.
Ursprünglich ein Wandbild, das abgenommen und in eine Bildtafel umgewandelt wurde.
ca. 1,4 × 1 m.
Malerei aus einem Lararium (Haus-Schrein).
Die Schlange, die auf den kleinen Altar auf der rechten Seite unten blickt, verkörpert den Schutzgeist des Hauses. Einmalig ist die Darstellung von Bacchus, der mit Trauben behangen ist und Wein für seinen Panther ausgießt. Der Berg soll zweifellos der Vesuv darstellen.
Aus Pompeji, Haus des hundertjährigen Jubiläums
Neapel, Archäologisches Nationalmuseum.

Die Straßen hatten seitliche Gehwege und waren mit großen Steinen gepflastert. In bestimmten Abständen waren von einer Seite zur anderen zylindrische Steine eingesetzt, die den Verkehr von Fahrzeugen nicht behinderten, es aber den Fußgängern ermöglichten, die Straße trockenen Fußes zu überqueren. (S. 24, 26–27)

Blick auf Pompeji vom Turm des Merkur, die Merkurstraße hinunter.

Wandinschriften

Zu den interessantesten und lebendigsten Zeugnissen, die uns Pompeji vom täglichen Leben bewahrt hat, gehört die außerordentlich große Zahl von Wandinschriften, die auf nahezu jeder Mauer in der Stadt zu finden sind. Sie sind aufgemalt oder nur eingeritzt und zwar sowohl an Außen- als auch an Innenwänden von Privathäusern, Geschäften und öffentlichen Gebäuden. Diese kurzen Inschriften sind oft nur politische Parolen, die die Wähler veranlassen sollten, einem bestimmten Kandidaten ihre Stimme zu geben, der für gewöhnlich der

Eine der vielen Wahlparolen, die an den Mauern Pompejis gefunden wurden. Sie wurden von berufsmäßigen Schriftenmalern in roten oder schwarzen Großbuchstaben geschrieben.

Besitzer des Hauses war. Es waren unter den Inschriften aber auch ganz einfach vulgäre Beschimpfungen oder obszöne Anspielungen auf Prostituierte (manchmal sogar mit Preisangaben), oder aber anfeuernde Worte für einen bestimmten Gladiator oder Erinnerungen an glückliche oder unglückliche Liebesaffären. Eine Inschrift, möglicherweise Fragment eines verlorengegangenen Liebesgedichts, sagt: «Die Seele ist es gewohnt zu nehmen was ihr gebührt und zu verschenken. Wenn du diesem Brauch folgst, wird Venus unsere Wünsche erfüllen und ihr Wohlwollen wird uns reich machen.»

Kopie des Doryphoros von Polyklet.
Marmor; Höhe 2,14 m.
Dies ist die beste aller bekannten Kopien nach dem verlorenen Original, das im 5. Jahrhundert v. Chr. von Polyklet geschaffen wurde. Die überlebensgroße Statue eines Speerträgers entstand etwa 70 v. Chr. und stand auf einem Sockel in der samnitischen Palästra.
Neapel, Archäologisches Nationalmuseum.

Marcus Holconius Rufus.
Marmor.
Rufus – Militärtribun und fünfmal Duumvir – war gemeinsam mit seinem Bruder Marcus Holconius Celer für die Erweiterung des großen Theaters verantwortlich, was durch eine Inschrift belegt ist.
Aus Pompeji.
Neapel, Archäologisches Nationalmuseum.

Ein öffentlicher Brunnen am unteren Ende des Gebäudes der Eumachia, das an der Ostseite des Forums liegt. Das rechteckige Becken ist mit der Büste einer Göttin geschmückt, die ein Füllhorn als Symbol des Reichtums trägt.

Die Wasserversorgung

Infolge seiner Lage auf einem Lavaplateau litt Pompeji immer an Wassermangel. Zuerst wurde das Problem teilweise durch die Anlage großer Becken – der *impluvia* – in den *atria* oder Höfen der Privathäuser gelöst, wobei es daneben für den unmittelbaren Gebrauch durch die Familie noch Zisternen zum Sammeln von Regenwasser gab. Für die Bewässerung der Küchengärten und andere Bedürfnisse wurden Brunnen gegraben und zwar unter beträchtlichen technischen Schwierigkeiten, weil bis zum Erreichen des Grundwasserspiegels die oft mehr als dreißig Meter starke Lavaschicht durchbrochen werden mußte. Zusätzlich zu den zahllosen kleinen Privatbrunnen wurden bis heute nur sieben öffentliche Brunnen gefunden, die neben dem Forum, den Thermen und den verkehrsreichsten Straßen lagen. Wir wissen nicht genau, wie die Pompejaner das Wasser förderten, aber wahrscheinlich verwendeten sie das uralte System des hydraulischen Rades, das von Menschen (Sklaven) oder Lasttieren bewegt wurde.
Eines der bedeutendsten öffentlichen Bauwerke, die Augustus während seiner Regierungszeit zu errichten versprochen hatte, war der große Aquädukt, der ganz Kampanien bis Neapel mit Wasser vom Serinosee versorgte und mit einem Zweig dieser Leitung auch Pompeji und Nola, womit das uralte Wasserproblem dieses Gebietes gelöst wurde.
Das Hauptreservoir für das Wasser vom Serinosee wurde nahe der Porta Vesuvio an der nördlichen Stadtgrenze aus vulkanischen Tuffsteinblöcken gebaut, die mit Zement verbunden wurden. Diese einfache Konstruktion bestand aus einem geräumigen runden Becken mit Toren aus Metall und Schleusen zur Regulierung des Zu- und Abflusses des Wassers, das abwechselnd in drei große Kanäle mit jeweils zahllosen kleinen Abzweigungen geleitet wurde. Die Leitungsrohre waren

Seite 26/27
Das Lupanar an der Kreuzung zweier Nebenstraßen ist eines der fünfundzwanzig Bordelle, die in Pompeji gefunden wurden. Speziell für diesen Zweck erbaut, hat das Gebäude ein innenliegendes Treppenhaus, das zum umlaufenden Balkon führt, von dem aus man in die einzelnen Zimmer gelangte. Die Zimmerwände waren mit erotischen Zeichnungen bemalt.

Rechts:
Der Brunnen an dieser Straßenecke wird von einem Steinblock überragt, in den ein Männerkopf gemeißelt ist. Aus seinem Mund floß das Wasser.

Unten:
Brunnen an einer Kreuzung der Straße der Augustalen mit einer Nebenstraße.

aus Blei. Sie führten zu fast jedem Haus in Pompeji, nur die ärmsten Behausungen waren nicht an das Leitungsnetz angeschlossen.
An vielen Straßenkreuzungen der Stadt wurden kleinere Reservoirs angelegt, die wie das Hauptreservoir gebaut waren und der Versorgung der öffentlichen Brunnen dienten, die von der Stadtverwaltung für die ärmeren Bevölkerungsschichten eingerichtet wurden. Diese aus Lava und Tuff errichteten Brunnen bestanden aus einem viereckigen Becken und einer kleinen Säule, von der das Wasser herunterfloß. Sehr häufig war die Säule mit einer einfachen Statue eines Flußgottes oder einer Schutzgottheit der Reisenden geschmückt. Der Brunnen nahe beim Gebäude der Eumachia (S. 24) war überragt von der Büste einer Göttin mit einem Füllhorn – dem Symbol des Reichtums – von dem der Name der vorbeiführenden Straße hergeleitet wurde: Via dell'Abbondanza (Straße des Überflusses).

Die Stadtmauern

Pompeji wurde von befestigten Mauern geschützt, deren Umfang gut drei Kilometer betrug. Sie waren mit acht Toren versehen, entsprechend den Hauptverkehrswegen, die in der Stadt zusammenliefen. Die ältesten Verteidigungsanlagen bestanden aus Blöcken von Lava und schwarzem Tuff, beides Werkstoffe von außerordentlicher Festigkeit. Die bis heute stehengebliebenen Mauern wurden im 5.–4. Jahrhundert v. Chr. aus sarnischem Kalkstein erbaut und etwa im 1. Jahrhundert v. Chr. mit zwölf dreistöckigen Wachtürmen versehen.
Die Friedhöfe lagen außerhalb des Verteidigungsringes, nahe bei den Stadttoren. Die ärmeren Bürger mußten sich mit einfachen Steingräbern zufriedengeben, die mit dem Namen und einem kleinen Portrait des Verstorbenen geschmückt wurden. Die reichen Familien der Stadt ließen dagegen imposante Grabstätten (S. 29) erbauen.

VII·INS·XI

Links:
Amphora mit Putten, Detail.
Blaues Glas; Höhe 32 cm.
Die Herstellungstechnik dieser Amphora, die mit traubenerntenden Putten verziert ist, ähnelt der von Kameen. Diese Amphora ist auf das zweite Viertel des ersten Jahrhunderts n. Chr. datiert und entstand wahrscheinlich nicht in Pompeji, da hier das Können der Handwerker diese hohe Stufe nicht erreicht hatte.
Aus einem Grab an der Via dei Sepolcri, Pompeji.
Neapel, Archäologisches Nationalmuseum.

Rechts:
Ein Grab, das zwischen der Porta Ercolano und der Porta Vesuvio an die Stadtmauer angebaut wurde. Solche Gräber waren oft verkleinerte Nachbauten von zeitgenössischen Gebäuden.

Rechts:
Grab in der außerhalb der Porta Nocera gelegenen Nekropole.
In zwei von den oberen Nischen befinden sich die Büsten eines Mannes und einer Frau. Die drei Inschriften auf den weißen Marmortafeln erinnern an Publius Flavius Philoxenus, Freigelassener des Publius und an Flavia Agathea, Freigelassene des Publius.

Das Amphitheater und die große Palaestra

Wie in allen griechischen und später römischen Städten wurde auch in Pompeji großer Wert auf öffentliche Veranstaltungen gelegt, die die Einwohner in Massen anzogen. Die zu diesem Zweck errichteten öffentlichen Gebäude lagen in zwei bestimmten Vierteln entlang der Via dell'Abbondanza. Eine Anlage befand sich an ihrem östlichen Ende und bestand aus dem Amphitheater (S. 32–33) und der großen Palaestra; die andere lag nahe dem dorischen Tempel und bestand aus den zwei Theatern und anderen Gebäuden.

Das Amphitheater war für die Spiele der Gladiatoren und Faustkämpfer sowie für Pferderennen und Kämpfe zwischen Tieren oder zwischen Männern und Tieren (Stiere, Eber und Bären) bestimmt. Es war ein typisch römisches Bauwerk mit einem elliptischen Grundriß, die Arena war rundum mit Sitzreihen für die Zuschauer umgeben. Der Außenbau bestand aus hohen Mauerbögen mit vier breiten Treppenzügen, die zu den oberen Galerien führten. Das um 70 v. Chr. erbaute Amphitheater konnte 18000 bis 20000 Besucher aufnehmen, das entsprach der Bevölkerung der Stadt (etwa 15000) sowie der umliegenden Dörfer und Gehöfte.

Die große Palaestra, unter der Herrschaft des Augustus erbaut, diente der männlichen Jugend der Stadt zur Ausübung ihrer verschiedenen Sportarten. Entsprechend den Wünschen des Herrschers waren die jungen Männer in Vereinigungen zusammengeschlossen, die nicht nur für das Training der Athleten und deren Vorbereitung auf die Spiele sorgten, sondern zweifellos auch für eine imperialistische politische Bildungsarbeit verantwortlich waren. Die Palaestra war ein imposantes rechteckiges Bauwerk (141×107 m), umgeben von jahrhundertealten Sykomoren. Sie hatte eine innere Säulenhalle, sanitäre Einrichtungen und in der Mitte einen offenen Platz mit einem Schwimmbad. Dieses war unseren heutigen Schwimmbädern sehr ähnlich, 34,5 m lang, 25 m breit und wies eine Wassertiefe von 1 m bis 2,5 m auf.

Ein kostbares Bilddokument ist in dem Wandgemälde «Aufruhr im Amphitheater» (links) erhalten geblieben. Man sieht rechts die Palaestra, links das Amphitheater und im Hintergrund zwei Wachtürme der Stadtmauer. Dieses Fresko bezieht sich auf den Streit, der 59 n. Chr. zwischen den Bewohnern von Pompeji und Nuceria ausbrach. Es wird berichtet, daß dieser Streit durch rivalisierende Anhänger verschiedener Gladiatoren ausgelöst wurde und mit vielen Toten und Verwundeten endete. Es ist aber wahrscheinlicher, daß die Auseinandersetzung durch eine Entscheidung Neros verursacht wurde, der zwei Jahre vorher einen Teil des Gebietes von Pompeji auf Nuceria übertragen hatte. Diese politische Erklärung wird durch die Tatsache erhärtet, daß Nero und der römische Senat das Amphitheater daraufhin für zehn Jahre schlossen.

Aufruhr im Amphitheater.
Wandmalerei: 1,7 × 1,85 m.
Das Bild zeigt die Architektur des Amphitheaters mit seinen Bögen und Treppen.
Aus dem Haus des Gladiators Actius Anecetus.
Neapel, Archäologisches Nationalmuseum.

Seiten 32–33:
Die Arena des Amphitheaters mit den rundum führenden Reihen der Zuschauerplätze. Um 70 v. Chr. von den Duumvirn Gaius Quinticus Valgus und Marcus Porcius erbaut. Es ist das älteste bekannte Amphitheater. Eine Inschrift besagt, daß es römischen Kolonisten gewidmet ist.

Das Odeum, oder kleines Theater, wurde in den ersten Jahren der römischen Kolonie von denselben Duumvirn erbaut wie das Amphitheater.

Seiten 36–37:
Probe für ein griechisches Satyrspiel.
Mosaik; 58×60 cm.
Der sitzende kahlköpfige Mann dirigiert die Schritte der Darsteller zur Musik des Pfeiffenspielers. Auf der rechten Seite zieht einer der Schauspieler ein Kostüm an.
Aus Pompeji, Haus des tragischen Poeten.
Neapel, Archäologisches Nationalmuseum.

Rechts:
Szene aus einer Komödie.
Terrakottarelief; 45×53 cm.
Eine der wenigen bekannten Darstellungen aus einer Komödie. Die Szene zeigt die lebendige Mimik in römischen Komödien, besonders bei der Darstellung von Dienern und alten Leuten.
Aus der Sammlung Farnese.
Neapel, Archäologisches Nationalmuseum.

Einer der Atlanten, die den Eingang des Odeums flankieren. Die aus Tuff gemeißelte, knieende Figur trägt ein Gesims mit dekorativen Elementen.

Die Theater

Die beiden Theater Pompejis – das große Theater und das Odeum (überdacht) – waren Teil eines ursprünglichen Stadtzentrums, das auf dem Gipfel und den Abhängen eines Hügels erbaut war, der sich zum Meer hinzieht. Zu diesem Zentrum gehörten auch noch folgende Gebäude: Der dorische Tempel (6. Jahrhundert v. Chr., wahrscheinlich der älteste pompejanische Sakralbau), die samnitische Palaestra (2. Jahrhundert v. Chr., möglicherweise das Hauptquartier einer politisch-militärischen Vereinigung), der Tempel der Isis (S. 53) und der Tempel des Jupiter Meilichius (3.–2. Jahrhundert v. Chr.).
Das große Theater wird mit seinen Anfängen in das 3.–2. Jahrhundert v. Chr. datiert. Hier fanden mindestens fünftausend Zuschauer Platz. Es hatte die charakteristische griechisch-hellenistische Form eines Hufeisens, mit einer rechteckigen Plattform auf der offenen Seite – dem Proscenium, auf dem die Schauspieler auftraten – und einer Mauer mit drei Durchgängen dahinter. Diese Mauer – die scenae frons – war mit Säulen und beweglichen Dekorationen ausgestattet und diente als Bühnenhintergrund bei den Aufführungen. Auftritt und Abgang der

Schauspieler erfolgten durch die Durchgänge in der Mauer. Außerhalb Griechenlands wurden Tragödien gewöhnlich nur für eine kulturelle Elite aufgeführt. Es ist daher wahrscheinlich, daß in diesem Theater überwiegend Komödien und Satiren oder Parodien auf Tragödien gegeben wurden, untermalt von einer lebhaften Choreographie für die Musiker, Schauspieler und Tänzer in bizarren Kostümen (S. 35, 159). Während der römischen Zeit gehörten zu den populärsten Aufführungen die Farcen, die in Szenenbildern mit Betonung der grotesken Seiten der Komödien improvisiert wurden. Es gab auch mimische Aufführungen, die dadurch gekennzeichnet waren, daß sie sich in kurze komische Szenenfolgen aufgliederten, und daß die Schauspieler ohne Masken auftraten (das geschah im Altertum nur in diesen Aufführungen). Sie bezogen sich auf das tägliche Leben, waren oft obszön, enthielten politische Anspielungen und wurden mit Liedern, Tänzen und Entkleidungsszenen aufgelockert (S. 35).
Das Odeum (S. 34) diente dagegen Musikaufführungen und Rezitationen und war daher entsprechend kleiner. In Form und Aufbau ähnelte es dem anderen Theater, war aus akustischen Gründen jedoch mit einem Dach versehen. Es wurde etwa 80 v. Chr. neben dem großen Theater erbaut.
Hinter dem großen Theater und dem Odeum befindet sich ein großes Peristyl, das «Quadriporticus» genannt wurde (S. 40). Es bestand aus einer rechteckigen, großen freien Fläche, die an allen Seiten von überdachten Kolonnaden umgeben war. Diese Anlage diente den Besuchern während der langen Pausen als Aufenthaltsort und bot viele Annehmlichkeiten. Der Bau geht auf die samnitische Epoche zurück. Nach dem Erdbeben von 62 n. Chr. wurde er jedoch in Unterkünfte für die Gladiatoren umgewandelt. Eine Wohnung für den Trainer wurde angebaut, und verschiedene Räume wurden wahrscheinlich als Unterkünfte für durchreisende Gladiatoren und deren Familien reserviert. Reich geschmückte Waffen und golddurchwirkte Kostüme, wie sie bei den Ausgrabungen gefunden wurden, dienten den Gladiatoren für ihre Umzüge im Aphitheater, die vor den Kämpfen stattfanden (S. 41).

Wagenrennen.
Wandmalerei; 57×92 cm.
Das an der oberen Seite unvollständige Gemälde zeigt vier Quadrigen (Gespanne mit vier Pferden) in der Arena. Wagenrennen und Gladiatorenkämpfe waren die populärsten Sportarten in der römischen Zeit.
Aus Pompeji, Haus der Kutschen(?).
Neapel, Archäologisches Nationalmuseum.

Rechts:
Szene aus einer Tragödie.
Wandmalerei.
Zusätzlich zu den Masken trugen die Darsteller in römischen Tragödien Schuhe mit hohen Sohlen, Kothurne genannt, die die Schauspieler imposanter machten und so den Ernst der Darstellung hervorheben sollten.
Aus Pompeji, Haus der Dioskuren.
Neapel, Archäologisches Nationalmuseum.

Das Forum

In der klassischen Antike war das Forum der große Platz, auf dem sich das geschäftliche, politische und religiöse Leben der Stadt abspielte. Günstig gelegen, war es der Ort, wo sich die Bevölkerung traf, um Handel zu treiben. Rundherum entwickelte sich die Stadt. Die Griechen und Römer konzipierten das Forum als Verwaltungszentrum, das die für das Leben der Stadt notwendigen öffentlichen Gebäude und die Tempel der wichtigsten Gottheiten enthielt. Dabei spielte es keine Rolle, ob es sich um die Neugründung einer Stadt handelte oder ob sie sich in einer schon bestehenden Ortschaft ansiedelten. Sie gaben außerdem allen ihren Gebäuden ein homogenes architektonisches Erscheinungsbild.
Das Forum von Pompeji, eines der schönsten der griechisch-römischen Welt,

Links:
Der Dorische Porticus, auch Quadriporticus genannt, wurde im 2. Jahrhundert v. Chr. hinter dem großen Theater für die Zuschauer als Aufenthaltsort in den Pausen gebaut. Nach dem Erdbeben 62 n. Chr. wurde das Bauwerk für die Gladiatoren und deren Diener verwendet. Bei den Ausgrabungen wurden viele sehr schöne Gladiatorenwaffen gefunden.

Rechts:
Ein mit dem römischen Adler verzierter Kampfhelm. Bronzegitter schützten die Augen; auf der Rückseite befindet sich ein Nackenschutz.

wurde durch die vornehme Eleganz und die architektonische Anordnung der es umgebenden öffentlichen Gebäude besonders hervorgehoben. Der Platz – 142 m lang, 38 m breit und an drei Seiten von zweistöckigen Kolonnaden umgeben, von denen nur einige Säulen erhalten sind – war der Ort, an dem Ladeninhaber und reisende Hausierer an Markttagen ihren Geschäften nachgingen. Vor den Kolonnaden stand eine Reihe von Reiterstandbildern hoher Beamter und bedeutender Einwohner. Der Platz erhob sich zwei Stufen über das Straßenniveau und wurde so vom Verkehr freigehalten; Ladearbeiten mußten in den Seitenstraßen zwischen den öffentlichen Gebäuden durchgeführt werden. Auf diese Weise hatten die Pompejaner den Platz ganz für ihre Geschäfte, politischen Kundgebungen und religiösen Zeremonien zur Verfügung.

Am südlichen Ende des Forums befanden sich die fünf Gebäude, in denen die politischen und kommunalen Aktivitäten der Einwohner stattfanden (S. 43). Im März jeden Jahres trafen sich die freien Bürger der Stadt im Comitium, einem einfachen rechteckigen Gebäude, um vier Beamte zu wählen: Zwei Aedilen oder Amtsvorsteher für Handel, öffentliche Arbeiten und Spiele sowie zwei Duumvirn, die höchsten Beamten, die als Richter fungierten und die Gesetze verkündeten, die von Stadtsenatoren, den sogenannten Decurionen, beschlossen worden waren. Die Duumvirn hatten ihre Amtsräume wahrscheinlich in einem kleinen Gebäude an der Südseite des Forums. In einem Nebengebäude befand sich das Stadtarchiv. Die Senatoren stammten aus den oberen Schichten der Stadt, vorwiegend Landbesitzer, und wurden auf Lebenszeit gewählt oder ernannt. Die Versammlungen der Senatoren fanden in der Curia statt, einem Gebäude, das westlich neben dem Stadtarchiv stand.

Das Forum von Pompeji – eines der besterhaltenen – wurde in der samnitischen Zeit in der zweiten Hälfte des 2. Jahrhunderts v. Chr. erbaut. Es wurde durch das Erdbeben im Jahre 62 n. Chr. sehr stark zerstört, und die Wiederaufbauarbeiten waren beim Vulkanausbruch noch im Gange.

Einführungszeremonie auf dem Forum. Wandmalerei.
Ein bedeutender Augenblick im Leben eines jungen römischen Bürgers war seine Einführung in das öffentliche Leben im Rahmen einer auf dem Forum stattfindenden Zeremonie, wie sie in diesem Gemälde dargestellt ist.

Das Innere der Basilika am südöstlichen Ende des Forums. Dieses Gebäude war das Handels- und Gerichtszentrum. Von Stil und Bauweise her kann es an das Ende des zweiten Jahrhunderts v. Chr. datiert werden. Der Fund von Dachziegeln aus einer oskanischen Manufaktur legt ein Baudatum um 130 v. Chr. nahe.

Die Basilika

In der Basilika fanden Prozesse und Gerichtsverhandlungen statt, außerdem konnten hier Besprechungen mit Rechtsanwälten durchgeführt und größere Geschäfte abgeschlossen werden. Der Bau wurde in der zweiten Hälfte des 2. Jahrhunderts v. Chr. gleichzeitig mit der Neugestaltung und dem Neuaufbau des Forums begonnen. Die Basilika von Pompeji ist eines der ältesten und besten Beispiele dieses besonderen römischen Bautypus, der später als Vorbild für die Bauweise der frühen christlichen Kirchen diente. Es war ein weitläufiges, rechteckiges und überdachtes Gebäude – 70 m lang – mit einem Mittelschiff, das von einer Kolonnade umgeben war, von der aus die Bevölkerung die Vorgänge im Inneren verfolgen konnte. An einem Ende befand sich ein Podium für die Richter und hohen Beamten.

Die Tempel des Forums waren den höchsten Gottheiten des Olymp geweiht: Dem kapitolinischen Jupiter (2. Jahrhundert v. Chr.), den öffentlichen Laren, das waren die Schutzgötter der Stadt (1. Jahrhundert v. Chr.), dem Kaiser Vespasian, der nach dem Erdbeben im Jahre 62 n. Chr. der Stadt außerordentlichen Beistand geleistet hatte, sowie dem Apoll, dem Schutzgott von Pompeji bis in die römische Zeit hinein. Der heute sichtbare Apollotempel wurde im 2. Jahrhundert v. Chr. erbaut, er steht auf den Resten eines Heiligtums, das bis ins 6. Jahrhundert v. Chr. zurückreicht (S. 45).

Das Macellum

Das Macellum – eine riesige überdachte Markthalle für den Verkauf landwirtschaftlicher Produkte – war ein Bauwerk, das in allen Städten Griechenlands, Kleinasiens und Nordafrikas verbreitet war. In Pompeji stand es an der nordöstli-

Der Tempel des Apoll
an der Westseite des Forums. Der Tempel wurde im 2. Jahrhundert v. Chr. auf den Resten eines Heiligtums aus dem 6. Jahrhundert v. Chr. erbaut; er scheint nach dem Erdbeben im Jahre 62 n. Chr. repariert worden zu sein.

chen Ecke des Forums. Es wurde im 2. Jahrhundert v. Chr. erbaut und nach dem Erdbeben im Jahr 62 n. Chr. beträchtlich erweitert und wiederaufgebaut (S. 46). Das Gebäude war quadratisch und hatte gleichmäßige Reihen von offenen und auch von überdachten Geschäften. In der Mitte des Hofes befand sich ein achteckiger Platz mit einem Brunnen, in dem die Fische gesäubert wurden. Die Mauern der Läden waren mit Malereien versehen, die mythologische Szenen oder Stilleben darstellten (S. 47).
Auf der gegenüberliegenden Seite des Forums lag das Forum Holitorium, das aus einer Säulenhalle bestand, in der Getreide und getrocknete Hülsenfrüchte gehandelt wurden, die zusammen mit Fisch die Grundnahrungsmittel der Bevölkerung bildeten. Für einen geregelten Ein- und Verkauf gab es öffentliche Maße und Gewichte, die von der Stadtverwaltung kontrolliert wurden. Sie wurden wahrscheinlich im 1. Jahrhundert v. Chr. in einer Nische der Mauer angebracht, die den Hof des Apollotempels umschloß, und bestanden aus zwei Kalksteinplatten mit insgesamt zwölf Vertiefungen, die zwölf verschiedenen Maßeinheiten entsprachen. Auf der Unterseite befand sich ein Loch zur Entnahme der gewogenen Waren.
Der Wollhandel wurde höchstwahrscheinlich im größten Gebäude Pompejis, dem der Eumachia, durchgeführt. Es stand an der Ostseite des Forums und

wurde etwa 22 n. Chr. von Eumachia erbaut, einer reichen Adeligen, die Besitzerin mehrerer Betriebe war, die sich mit Wein- und Wollhandel und mit der Herstellung von Terracottageschirr beschäftigten. Eumachia war außerdem die Hohepriesterin der Venus, der Schutzheiligen der Stadt während der Römerzeit. Das Bauwerk bestand aus einem großen von Kolonnaden umgebenen Innenhof mit einem breiten Korridor auf drei Seiten, der durch Fenster erhellt wurde. Vier Nischen in der Fassade enthielten Statuen; höchstwahrscheinlich wurden zwei Nischen bei bedeutenden Versteigerungen vom Auktionator und einem Bankier besetzt. Wegen des Grundrisses des Gebäudes wird auch die Hypothese vertreten, daß es sich hier nicht um eine Warenbörse gehandelt habe, sondern um das Zentrum und Warenhaus der Wollhersteller – Weber, Wäscher, Färber – und Wollhändler.

Die Vorhalle des Macellums, des Lebensmittelmarktes an der nordwestlichen Ecke des Forums. Hinter den Säulen stehen in einer Reihe Basen, auf denen Statuen aufgestellt waren.

Die öffentlichen Bäder

Pompeji hatte nicht weniger als vier große öffentliche Bäder. Sie waren mit Stuckreliefs (S. 49) und Wandmalereien reich ausgeschmückt, was auf die Bedeutung dieser öffentlichen Einrichtungen im täglichen Leben der Bevölkerung hinweist. Es konnte sich sicherlich nur äußerst selten jemand den Luxus eines Privatbades im eigenen Haus leisten, vor allem, wenn man den häufigen Wassermangel bedenkt. Das älteste Badehaus waren die Stabianer Thermen, die in das 4. Jahrhundert v. Chr. datiert werden können und im 2. Jahrhundert v. Chr., gleichzei-

Odysseus wird von Penelope erkannt. Das Gemälde im vierten Stil schmückt die Nordwestmauer des Macellums.

Bronzene Ladenwaage, die bei den Ausgrabungen in Pompeji gefunden wurde.

tig mit anderen nahe dem Forum, neu erbaut wurden. Die Sarno-Thermen und die zentralen Thermen (deren Bau nach 62 n. Chr. begonnen und nie vollendet wurde) lagen ebenfalls im Zentrum der Stadt, in einer reichen Wohngegend.

Die Badeeinrichtungen lagen rund um einen großen Innenhof mit Kolonnaden, in dem sich ein Schwimmbad befand, und der auch Raum für gymnastische Übungen bot. Zwei baulich ähnliche Abteilungen waren jeweils für Männer und Frauen bestimmt. Jede enthielt ein Frigidarium (Kaltwasserbecken), ein Tepidarium, das ist ein Raum mit zirkulierender Heißluft, der einer modernen Sauna sehr ähnlich ist, sowie ein Caldarium mit Heißwasserwannen und zirkulierender, heißer Luft, die in besonderen Öfen erhitzt wurde.

Der Heißwasser-Raum (caldarium) *der Thermen des Forums. Das runde Marmorbecken* (labrum) *am apsisförmigen Ende des Raumes enthielt kaltes Wasser zum Abreiben. Das Heißwasserbecken* (alvenus) *befand sich am anderen Ende. Der Fußboden und die Wände sind hohl, um heiße Luft durchzulassen.*

Rechts:
Der Mythos der Entführung des Ganymed durch einen Adler ist auf diesem Stuckrelief an einer Wölbung in den Stabianer Thermen dargestellt. Diese Kunstform, die auch in Privathäusern Anwendung fand, erreichte in Pompeji und Herkulaneum in den letzten Jahren vor dem Vulkanausbruch einen außerordentlich hohen Stand.

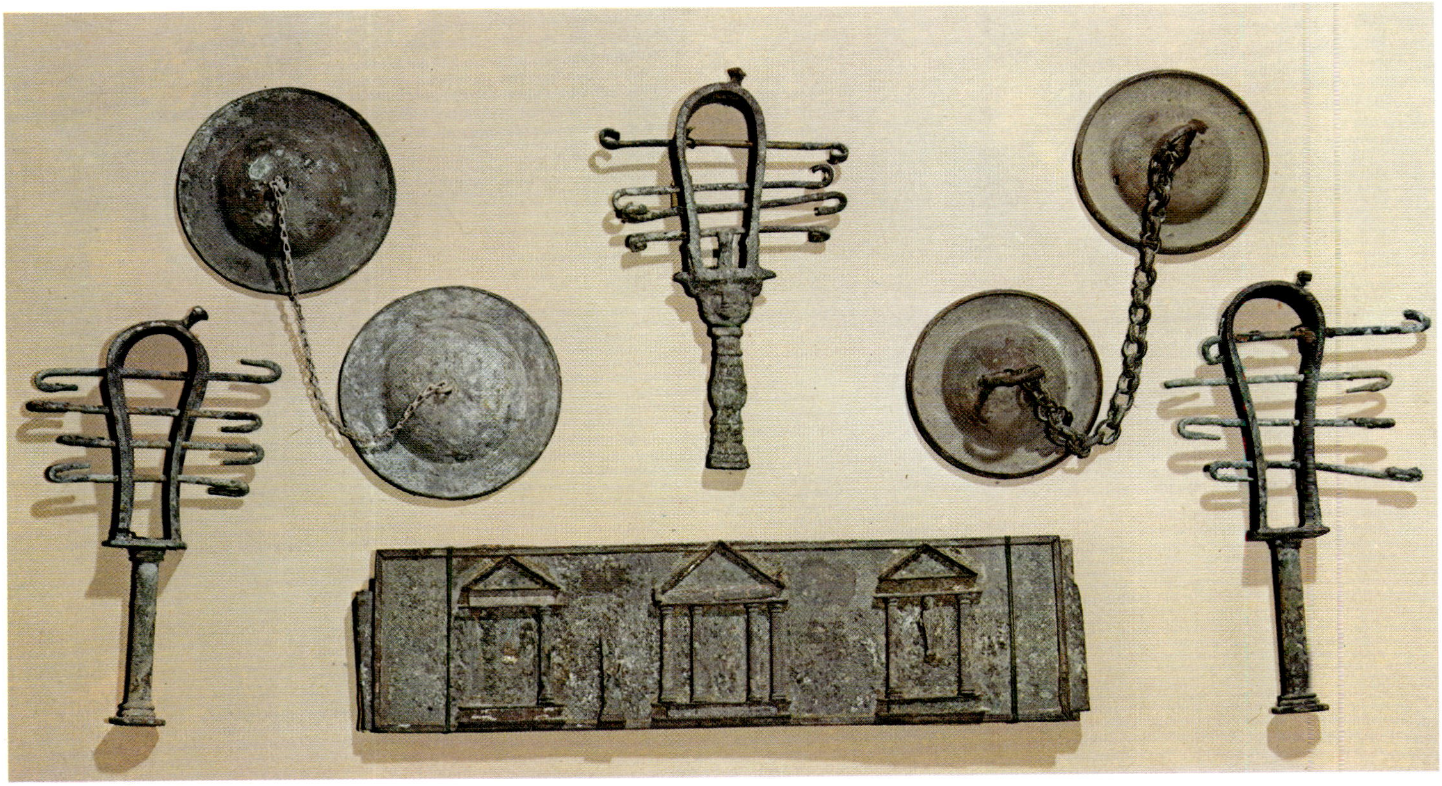

Sistren und Cymbala aus dem Tempel der Isis.
Das Sistrum, eine Bronzeschlaufe, durch die bewegliche Bronzestäbe gesteckt sind, gibt einen klingenden Ton von sich und wurde von den Gläubigen während des Isiskultes geschüttelt.
Die Cymbala wurden während der Zeremonie ebenfalls rhythmisch geschlagen.
Aus Pompeji, Tempel der Isis.
Neapel, Archäologisches Nationalmuseum.

Kulte und Gottheiten

In der griechisch-römischen Welt teilt sich die Religionsausübung auf in einen persönlichen Kult für eine bestimmte Gottheit, der Sühneopfer dargebracht wurden, um ihr Wohlwollen zu erhalten, und in Veranstaltungen der gesamten Bevölkerung. Dabei wurden an bestimmten Tagen des Jahres zu Ehren der einen oder anderen bedeutenden Gottheit – Jupiter, Juno, Minerva – Prozessionen durchgeführt und Tieropfer dargebracht, in der Hoffnung, dadurch der Stadt deren Schutz zu sichern. Die in ihrer Mehrheit bäuerliche Bevölkerung Süditaliens verehrte Ceres, die Göttin der Vegetation und der Früchte der Erde. Als Pompeji 80 v. Chr. römische Kolonie wurde, kam es unter den Schutz der Göttin Venus, die Sulla, der damalige Herrscher, besonders verehrte.
Die Tempel durften nur Statuen derjenigen Gottheiten enthalten, denen sie geweiht waren; zu deren Füßen wurden die Opfer dargebracht (S. 51). Es gab keinen Klerus, da die Aufgaben des Priesters von herausragenden Bürgern wahrgenommen wurden. Diese wurden entweder von den Einwohnern für dieses Amt gewählt oder von den Haruspices bestimmt, die aus den Eingeweiden der Opfertiere den Willen der Götter deuteten.
Im Rahmen seiner staatlichen Neuorganisation führte Kaiser Augustus den Staatskult ein, womit er dem Beispiel der Staaten des Mittleren Ostens folgte. Den Tempel der Fortuna Augusta, der Göttin des Glücks und der Beschützerin des Kaisers, wurde in Pompeji im Jahre 3 v. Chr. von Marcus Tullius erbaut. Dieser war ein bedeutender Beamter, besonderer Günstling des Augustus und stammte aus der Familie des Cicero.

Der Tempel der Isis

Während der hellenistischen Zeit verbreiteten sich in Italien viele Kulte des Mittleren Ostens und Ägyptens, ganz besonders unter der einfachen Bevölkerung; sie

Rechts:
Ein Opfer an Bacchus.
Wandmalerei.
Der Kult des Dionysos-Bacchus war in Süditalien weit verbreitet, wo dieser Gott mit der altitalischen Gottheit Liber gleichgesetzt wurde.

Rechts:
Der Tempel der Isis.
Treppen führen zum Pronaos und einer schmalen, rechteckigen Cella hinauf. Vor dem Tempel befindet sich ein Altar und das Purgatorium, ein kleines Gebäude, in dem Wasser vom Nil für Reinigungszeremonien aufbewahrt wurde.

beruhten auf mystischen Riten, die von wenigen Eingeweihten durchgeführt wurden und ein besseres zukünftiges Leben versprachen. Einer der bedeutendsten war der Isiskult, der im 3. Jahrhundert v. Chr. entstand und Teile der okkulten Zeremonien des Isisglaubens mit dem esoterischen Kult der griechischen Göttin Demeter verband. Diese neue Religion wurde in Rom teilweise abgelehnt.
In Pompeji wurde der Isistempel schon im 2. Jahrhundert v. Chr. hinter dem großen Theater erbaut (oben). Nach der Zerstörung während des Erdbebens im Jahre 62 n. Chr., wurde der Tempel sofort wieder aufgebaut, nach der Inschrift auf Kosten des Numerius Popidius Celsinus, der damals ein Kind von sechs Jahren war. Damit öffnete der Vater, ein Freigelassener und außerordentlich reicher Händler, der aber wegen seiner Herkunft als Sklave vom öffentlichen Leben ausgeschlossen war, seinem Sohn die Türen zur höchsten Gesellschaft. Dieser wurde außerdem durch einen Sitz im Senat geehrt.
Das Gebäude bestand aus einem großen, von Kolonnaden umgebenen Hof, in dem sich ein kleiner Tempel mit Bildern ägyptischer Gottheiten, ein großer Freiluftaltar für die Weihehandlungen, ein Brunnen und ein quadratisches Gebäude befanden. Dieses hatte eine unterirdische Krypta, in der sich die Eingeweihten mit Nilwasser reinigten, das in besonderen Gefäßen aus Ägypten gebracht wurde. Hinter der Kolonnade standen zwei Hallen, deren Verwendungszweck nicht genau bekannt ist; die größere wurde wohl für die Aufführung religiöser Darstellungen und Spiele verwendet.

Links:
Kleiner Tempel mit Opferszene.
Wandmalerei.
In diesem Ausschnitt eines Bildes im Vierten Stil ist die Statue einer Gottheit im Pronaos eines kleinen Tempels zu sehen. Auf der rechten Seite des Tempels opfern Leute an einem Altar.
Aus Pompeji.
Neapel, Archäologisches Nationalmuseum.

Die örtlichen Unternehmen

Von Anfang an besaß Pompeji eine blühende Wirtschaft, die es ermöglichte, sämtliche Grundbedürfnisse durch örtliche Produkte zu decken, wodurch man von Importwaren unabhängig war. Getreide, Obst und Gemüse wurden auf den umliegenden Feldern in solchen Mengen angebaut, daß der Bedarf der Bevölkerung mehr als gedeckt werden konnte. Zu den Grundnahrungsmitteln gehörten noch Fisch sowie Schweine- und Schaffleisch, das ebenfalls aus der näheren Umgebung bezogen wurde. Gegenstände des täglichen Gebrauchs – Keramik, Gläser, Bronze- und Holzwaren – wurden von Handwerkern am Ort hergestellt, die auch Luxusartikel für die reicheren Bewohner anfertigten.

Der wahre Reichtum Pompejis und der übrigen Städte Kampaniens stammt aus dem Export von Wein und Olivenöl. Das umgebende Land und die Hänge des Vesuvs waren außerordentlich fruchtbar und zur Anlage und Kultivierung von Weingärten und Olivenhainen bestens geeignet (was ja auch heute noch der Fall ist). Der Reichtum der großen Adelsgeschlechter – der Eumachen und Holconen – beruhte auf dem Weinexport, der mehr als zweihundert Jahre lang bis nach Gallien und Nordafrika reichte. Ein weiterer Exportartikel waren Tuche, aus der Wolle von Schafen hergestellt, die in den Bergen von Samnium und Lucania gezüchtet wurden. Die Stoffe wurden in den Werkstätten der *fullones*, wie die Arbeiter der Wollindustrie genannt wurden, gewebt und gefärbt.

Es gab in Pompeji auch einige Reedereien, deren Schiffe vorwiegend an den Küsten entlangfuhren. An der Mündung des Sarnus, der nahe der Stadt vorbeifließt, gab es einen kleinen Naturhafen. Die Lagerung und Verschiffung von Wein und Öl erfolgte in Tonkrügen und Amphoren, die in kleinen Familienbetrieben hergestellt wurden.

Emblem mit den Symbolen von Leben und Tod. Mosaik; 47×42 cm.
Dieses Emblem wurde im triclinium *der Gerberei gefunden. Über dem Kopf befindet sich ein Winkel; darunter sind ein Schmetterling und ein Rad angeordnet – Symbole für die Veränderlichkeit des Lebens und die Launen der Fortuna.*

Die Fassade von zwei Textilwerkstätten. Wandinschriften weisen darauf hin, daß sich die Webstühle im ersten Stock befanden und die Waren in den Läden darunter verkauft wurden.

Werkstätten

Es ist sehr wahrscheinlich – gesicherte Ausgrabungsergebnisse fehlen allerdings –, daß es viele Baufirmen gab, außerdem Werkstätten von Malern, Mosaiklegern und Stukkateuren, die besonders nach dem Erdbeben des Jahres 62 n. Chr. mit Wiederaufbauarbeiten voll beschäftigt waren.

Entsprechend einem in den Mittelmeerländern weitverbreiteten Brauch wurde der Einzelhandel nicht nur von reisenden Händlern, sondern auch von den Werkstattbesitzern selbst betrieben. Diese richteten ihre Häuser so ein, daß sich im ersten Stock die Privaträume befanden und im Erdgeschoß die Warenlager und Verkaufstheken, die von der Straße aus eingesehen werden konnten. Wenn im Hause selbst bestimmte Waren hergestellt wurden, befanden sich die Werkstätten ebenfalls im Erdgeschoß und waren um einen Innenhof gruppiert. Bei dem hier gezeigten Beispiel (S. 56) hat der Bäcker nicht nur seinen Backofen installiert, sondern auch die Getreidemühle aus Granit, die von Tieren gedreht wurde, sowie den Brunnen, der das Wasser für den Teig lieferte.

Tavernen

Besonders in der Gegend zwischen den Theatern und dem Amphitheater gab es viele Tavernen *(cauponae)*, in denen warme Mahlzeiten und Wein angeboten wurden. In den Verkaufstheken befanden sich kreisförmige Ausschnitte, in die die eiförmigen Amphoren gestellt wurden, sowie Öffnungen für die Kohlepfannen zum Erhitzen des Wassers, mit dem der Wein gemischt wurde. Das obere Stockwerk, mit einigen Räumen und der Toilette, wurde häufig als Hotel oder Bordell verwendet. Die Wände waren mit kleinen, mittelmäßigen und oft obszönen Malereien bedeckt; es sind auch Stegreifzeichnungen von Schankszenen zu sehen, die von Gästen angefertigt wurden (S. 61).

Das Innere einer Färberei,
mit einem großen Färbebecken in der Mitte.

Unten:
Die Bäckerei.
Wandmalerei; 61×53 cm.
Das Gemälde zeigt die kostenlose Verteilung von Brot während der Wahlen. Die Laibe, die bei den Ausgrabungen gefunden wurden, sehen ebenso aus.
Aus Pompeji.
Neapel, Archäologisches Nationalmuseum.

Rechts: *Mahlsteine für Getreide in einer Bäckerei.*

Die Thermopolien, in denen Glühwein serviert wurde, waren wesentlich eleganter, oft wurde von den Wirten zusätzlich noch der Service eines richtigen Restaurants geboten; die Speiseräume *(triclinia)* waren mit großem Raffinement ausgestaltet (S. 60). Zusätzlich zu den Innenräumen waren oft Gärten vorhanden, in denen Weinlauben Schatten spendeten. In einem dieser Restaurants wurden die Tageseinnahmen gefunden. Sie betrugen 683 Sesterzen, eine beträchtliche Summe, wenn man bedenkt, daß eine Tunika nur 15 Sesterzen kostete.

Rechts:
Die Verkaufstheke eines pompejanischen Thermopoliums, eines Ladens, in dem warmes Essen und Getränke verkauft wurden. Die Behälter mit Essen wurden in die Öffnungen in der Theke eingelassen. Ganz rechts befindet sich der Schrein der Laren. Unterhalb der Gestalten erkennt man zwei Schlangen, die die Schutzgeister des Hauses symbolisieren.

Metallwaren und Juweliere

Während der republikanischen Zeit und in den Anfangsjahren des Kaiserreichs hatte die Herstellung von Bronze- und Silbergegenständen in Kampanien einige Bedeutung. Bronze wurde für Haushaltswaren, wie kleine Öfen (S. 78), Lampen und Kohlebecken verwendet. In Anbetracht seiner Seltenheit wurde Silber in der antiken Welt als kostbarstes Metall betrachtet und daher nur für elegantestes Tafelgeschirr verwendet (S. 61). Dekorative Gegenstände, wie Statuetten für

Links:
Bronzene Amphora mit verziertem Henkel. Obwohl Pompeji kein Hauptzentrum der Bronzewarenherstellung war, befanden sich doch sehr gute Handwerker in der Stadt. Aus Pompeji. Neapel, Archäologisches Nationalmuseum.

Seite 60:
Eine der bemalten Wände des Thermopoliums an der Via dell'Abbondanza. Das kleine Bild links stellt Europa mit dem Stier *dar.*

Seite 61 oben:
Streit in einer Caupona (Taverne). Wandmalerei. Der vor dem Tisch stehende Mann scheint mit dem Sitzenden, der gerade trinkt, zu streiten. Zwei andere Männer, möglicherweise Kellner, versuchen den Streit zu schlichten. Aus Pompeji, Caupona an der Merkurstraße. Neapel, Archäologisches Nationalmuseum.

Seite 61 unten:
Silberwaren aus Pompeji und anderen Orten der Umgebung. Platte und Schale haben Griffe, die mit Laubwerk und Vogelköpfen verziert sind. Neapel, Archäologisches Nationalmuseum.

Thetis in der Werkstatt des Vulkan. Detail. Wandmalerei.
Ein Metallarbeiter an der Arbeit. Er hämmert eine Verzierung in einen Helm.
Neapel, Archäologisches Nationalmuseum.

Haus und Garten, bestanden grundsätzlich aus Bronze; religiöses Gerät (S. 62) – Vasen, Dreifüße für das heilige Feuer, Opferschüsseln – konnten auch aus Silber hergestellt sein, je nach den finanziellen Möglichkeiten des Gebenden.

Pompeji hatte in diesem Handwerkszweig nicht dieselbe Bedeutung wie Capua, das besonders wegen seiner Bronzewerkstätten berühmt war, an denen die bedeutendsten pompejanischen Familien ebenfalls Beteiligungen besaßen. Es gab aber auch in Pompeji eine große, allerdings nicht genau feststellbare Anzahl von Silberschmieden und Bronzegießern, die den Bedarf der Bevölkerung ohne weiteres decken konnten.

Die Kunst der Goldschmiede, Gemmen- und Kameenschneider, die Schmuck herstellten, wies ebenfalls einen ziemlich hohen Stand auf. Zu den interessantesten Funden gehören die Werkzeuge und Steine des Juweliers Pinarius Cerialis. Man fand einhundertvierzehn kostbare Gemmen und Steine, wie Amethyste, Achate, Karneole und Onyxe, die im Rohzustand oder teilweise bearbeitet waren; achtundzwanzig waren geschnitten und poliert; und auf diese Weise können wir uns ein vollständiges Bild von den Arbeitsgängen in einer Juwelierwerkstätte machen.

DIE KUNST IN DEN PRIVATHÄUSERN

Villa am Meer.
Wandmalerei; 25 cm Durchmesser.
Eine prächtige villa maritima *mit Säulen über die gesamte Länge der Fassade; davor befinden sich zwei in das Meer hineinragende Molen. Hinter dem Haus sind Bäume und weitere Gebäude zu sehen.*
Aus Stabiae.
Neapel; Archäologisches Nationalmuseum.

Das pompejanische Haus

Während der seit zweieinhalb Jahrhunderten andauernden Ausgrabungen wurden etwa sechzig Prozent der Bauwerke von Pompeji freigelegt; es handelt sich dabei zum größten Teil um Wohnhäuser. Aus diesem Grund stellt Pompeji, wie auch Herculaneum, ein unschätzbares Dokument des täglichen Lebens in der Antike dar, auch wenn die Häuser regionale, für Kampanien und die Küste spezifische Charakteristiken aufweisen. Milde Winter mit viel Licht und Sonne, lange Zwischenjahreszeiten und sehr heiße Sommer erlaubten es, einen großen Teil des häuslichen Lebens unter freiem Himmel zuzubringen; in Höfen, die von Portiken umgeben waren, oder in den Gärten, die es in allen größeren Häusern gab.
Die ärmsten Häuser waren sehr einfach gebaut. Wenn die Besitzer kleine Geschäftsinhaber waren, gab es ebenerdig einen Laden, hinter dem die Küche und die Räume für die Familie lagen, oder es war über dem Laden ein Mezzaningeschoß errichtet, das als *pergula* bezeichnet wurde. Die Freigelassenen und Handwerker lebten für gewöhnlich in Häusern, deren Zimmer um einen schmalen Innenhof, *xystus*, und einen winzigen Garten, *viridarium*, herum angeordnet waren. Diese Häuser waren mit Wandmalereien und Mosaiken ausgestattet, die zwar sehr einfach, aber dennoch oft von beträchtlicher Eleganz waren. Dem Brauch aller Zivilisationen am Mittelmeer entsprechend, waren auch diese Häuser, genau wie die der reicheren Bürger, nur von jeweils einer Familie bewohnt; erst nach dem Erdbeben von 62 n. Chr., als infolge der Zerstörungen der Wohnraum knapp geworden war, wurden größere Gebäude in mehrere Wohungen aufgeteilt.
Das typische Haus in Pompeji – einer Stadt, die hauptsächlich von reichen Händlern, Bankiers, Rechtsanwälten und Landbesitzern mit vielen Sklaven bewohnt wurde – war eine rationell ausgelegte, elegante Residenz. Seine Grundelemente

Eine große Villa am Meer.
Wandmalerei; 17 × 40 cm.
Dieses Beispiel von Architekturmalerei, wie sie an den Wänden vieler Häuser zu finden ist, gibt einen guten Eindruck von den ausgedehnten Villen am Meer, die sich an der gesamten Küste der Bucht von Neapel hinzogen; keine dieser Villen ist erhalten geblieben.
Aus Stabiae.
Neapel, Archäologisches Nationalmuseum.

Seiten 66–67:
Landschaft mit Villa am Meer.
Wandmalerei.
In diesen Darstellungen von Landsitzen am Meer spiegelt sich das Verständnis der Römer für die Schönheiten der Natur. Typisch für dieses Genre sind die im Vordergrund angeordneten Gestalten.
Pompeji, Haus des Marcus Lucretius Fronto.

waren das *atrium*, das *tablinium* oder Wohnzimmer, und der Gartenhof oder das Peristyl.

Das *atrium* war ein großer rechteckiger Raum mit einer Öffnung im Dach – dem *compluvium* – direkt über dem *impluvium*, dem Becken im Fußboden, in dem das für den Haushalt notwendige Regenwasser aufgefangen wurde (S. 86–87). Das überhängende Dach ruhte auf Balken oder Säulen. Nach der Erbauung des Aquädukts durch Augustus hatte das *atrium* nur noch die Funktion einer Empfangshalle, in der die täglichen Geschäfte des Hausbesitzers abgewickelt wurden. Es war mit Sesseln und einem Marmortisch, auf dem Ahnenportraits in Wachs oder Stein standen, schlicht möbliert.

Das *tablinium*, das zwischen dem *atrium* und dem Peristyl lag, war für gewöhnlich reich ausgemalt. Es konnte sowohl als Wohnzimmer als auch als Schlafzimmer verwendet werden und, wie die anderen Zimmer auch, durch Vorhänge abgetrennt werden. Das Peristyl war ein Innenhof beträchtlichen Ausmaßes, umgeben von einer überdachten Kolonnade und mit Beeten, Statuen und einem Teich ausgestattet. Die Schlafzimmer der Familie und der Diener (Sklaven oder Freigelassene mit ihren Familien), die Küche und die übrigen Räumlichkeiten waren beidseitig angeordnet. Sie begannen beim *atrium* und erstreckten sich auch entlang des Peristyls. Vom 2. Jahrhundert v. Chr. an wurden am Peristyl zwei neue Arten von Zimmern angeordnet und zwar ein Speiseraum, *triclinium* genannt, und ein Empfangs- oder Bankettsaal, *oceus*. Diese Räume entstanden unter dem Einfluß der griechisch-hellenistischen Architektur im östlichen Mittelmeerraum. Sie waren mit Wandmalereien und Bodenmosaiken prächtig ausgestattet. Manchmal gab es mehr als ein *triclinium*, um die Räume je nach Jahreszeit und der entsprechenden Temperaturen nutzen zu können. In einigen Fällen war das *triclinium* auch ein kleiner Pavillon im Garten.

Ein Heiligtum in der Nähe des Meeres; Detail.
Wandmalerei; 52 × 62 cm.
Die Komposition dieser Szene ist ganz konventionell: Ein kleiner, runder Tempel (tholos), von Portiken flankiert, eine Landschaft mit Bäumen und Gebäuden im Hintergrund, eine Terrasse mit Gestalten, Boote auf dem Meer. Etwas ungewöhnlicher ist die sitzende Frau, die mit einem Hund spielt.
Aus Pompeji.
Neapel, Archäologisches Nationalmuseum.

In der hellenistischen Zeit wurde es üblich, rund um den Garten im Hintergrund des Hauses Galerien und «Pseudoportiken» (lange, geschlossene Korridore mit Tonnengewölbe) anzufügen, die als Lagerräume dienten. Über dem *atrium* wurde oft ein weiteres Stockwerk mit zusätzlichen Räumlichkeiten für die Familie erbaut. Dies ermöglichte dann die Einrichtung eines privaten Bades mit einem Becken und Öfen im Bereich des Peristyls. Zur Straße hin wurden Läden eingerichtet, und die Sklaven und Freigelassenen wurden mit dem Verkauf von Handelswaren oder landwirtschaftlichen Produkten betraut.
Nichtsdestoweniger waren die Häuser in Pompeji, auch wenn sie nach diesem Grundschema erbaut waren, in ihren Proportionen und der Anordnung individueller Elemente äußerst unterschiedlich. Man darf nicht vergessen, daß die ältesten Häuser aus dem Ende des 5. Jahrhunderts und dem Beginn des 4. Jahrhunderts v. Chr. stammten und beim Ausbruch des Vulkans immer noch bewohnt waren. Während der Jahrhunderte wurden sie deshalb immer wieder erweitert und erneuert, wodurch sie einen individuellen Charakter erhielten.
Wir können außerdem annehmen – jedenfalls was die Häuser der reicheren Bürger betrifft –, daß beträchtliche Anstrengungen gemacht wurden, um die hervorragende Ausstattung der luxuriösen Villen reicher Römer zu imitieren, die diese vom 1. Jahrhundert v. Chr. an entlang der Küste der Bucht von Neapel, an der

Rechts:
Gartenpavillon; Detail.
Wandmalerei; 244 × 124,5 cm.
Eine der schönsten Architekturmalereien, die im Landhaus eines Mitglieds der Herrscherfamilie erhalten blieb. Dieser Ausschnitt zeigt einen Pavillon im Garten einer Villa; auf der rechten Seite befindet sich eine Säule, mit der Schutzgottheit des Hauses an ihrer Spitze.
Aus Boscotrecase, Villa des Agrippa Postumus.
Neapel, Archäologisches Nationalmuseum.

Küste von Amalfi und auf den Inseln Ischia und Capri zu bauen begannen. Wir wissen einiges über diese Villen am Meer, zum Beispiel über die des Tiberius auf Capri und die des Plinius, der den Ausbruch des Vesus beschrieben hat, in Misenum. Ihre Abbildungen aber, die in den Wandmalereien von Pompeji, Herculaneum und Stabiae dargestellt sind, scheinen doch ziemlich idealisiert zu sein (S. 64, 65).

Der tanzende Satyr, genannt der tanzende Faun.
Bronze; Höhe 78 cm.
Die Statue wurde nahe des Impluviums im Hauptatrium gefunden und man nimmt an, daß sie zur Originaldekoration des Beckens gehörte. Sie wird oft irrtümlich als Faun bezeichnet – und danach wurde das Haus auch benannt.
Aus Pompeji, Haus des Fauns.
Neapel, Archäologisches Nationalmuseum.

Haus des Fauns, Hauptatrium; in der Mitte des Impluviums *steht ein Abguß vom Original des «tanzenden Fauns».*

Seiten 72–73:
Die Schlacht von Issus.
Mosaik; 2,71 × 5,12 m.
Dieses riesige Mosaik aus sehr kleinen Steinchen schmückte ursprünglich den Fußboden der Exedra im Haus des Fauns. Es ist eine Kopie eines griechischen Gemäldes aus dem 4. Jahrhundert v. Chr., das wahrscheinlich vom griechischen Maler Philoxenos aus Eretria stammte. Von Alexander angegriffen, flieht Darius mit seinem Streitwagen vom Schlachtfeld. Er wendet sich nach dem mazedonischen König um, der auf der linken Seite zu sehen ist.
Aus Pompeji, Haus des Fauns.
Neapel, Archäologisches Nationalmuseum.

Das Haus des Fauns

Eine der schönsten Residenzen Pompejis – und des ganzen Altertums – ist das Haus des Fauns, benannt nach der Bronzestatue eines tanzenden «Fauns» (S. 70), die das Becken im Hauptatrium schmückte. Das Haus ist riesig – annähernd dreitausendsiebenhundert Quadratmeter – und wurde am Anfang des 2. Jahrhunderts v. Chr. erbaut. Man glaubt, daß es Publius Cornelius Sulla, dem Neffen des römischen Diktators Sulla, gehörte, der nach 80 v. Chr. mit der Aufgabe betraut war, Pompeji als römische Kolonie zu verwalten. Dieses Haus ähnelte denen in den größten hellenistischen Städten und war sicherlich außerordentlich luxuriös, denn es besaß zwei Atrien, zwei Peristyle, zwei Speiseräume und eine große Zahl von Zimmern und kleinen, aber hervorragend organisierten, sanitären Einrichtungen. Die Stuckverzierungen an Säulen und Wänden, die zu Beginn der Ausgrabungen (1830–1832) noch zu sehen waren, sind inzwischen verlorengegangen, dafür sind aber noch fast alle Fußbodenmosaiken mit ihren geometrischen Mustern, Tieren, Nillandschaften und Meerestieren erhalten geblieben; sie befinden sich entweder noch in Pompeji oder im Archäologischen Nationalmuseum in Neapel.

Links:
Frauen, die den Rat einer Zauberin suchen.
Mosaik.
Das Werk ist mit Dioscurides von Samos unterzeichnet, aber es geht daraus nicht hervor, ob er das Mosaik oder das Gemälde geschaffen hat, dessen Kopie es ist. Dargestellt sind eine Wahrsagerin (rechts) und ihre Kundinnen. Sie tragen alle Komödienmasken und haben die Fäuste leicht geballt.
Aus Pompeji, Villa des Cicero.
Neapel, Archäologisches Nationalmuseum.

Rechts:
Portrait einer Dame.
Mosaikemblem; 25 × 20 cm.
Dieses einzigartige Bodenmosaik wurde im cubiculum *eines Hauses gefunden und zeigt das Portrait einer jungen Frau aus einer reichen Familie; wahrscheinlich handelt es sich um die* domina *des Hauses, Juwelen und Kleidung sprechen dafür.*
Aus Pompeji.
Neapel, Archäologisches Nationalmuseum.

Seite 76:
Katze mit Rebhuhn und
Enten mit Vögeln und Fischen.
Mosaikemblem.
Dieses Bodenmosaik stammt aus dem 1. Jahrhundert v. Chr. und befand sich ursprünglich in einem Zimmer im Haus des Fauns. Die beiden unterschiedlichen Szenen lassen eine genaue Beobachtungsgabe für das tierische Verhalten erkennen.
Aus Pompeji, Haus des Fauns.
Neapel, Archäologisches Nationalmuseum.

Seite 77:
Meerestiere.
Mosaikemblem.
Die Steinchen dieses Mosaiks – eines von mehreren, die das Leben im Meer darstellen – sind sehr klein und ermöglichen so eine fast graphische, lebendige Darstellung der Tiere. In der Mitte kämpft ein Tintenfisch mit einem Hummer; links schaut ein kleiner Vogel von einem Felsen herunter. Das Mosaik entstand etwa 100 v. Chr.
Aus Pompeji.
Neapel, Archäologisches Nationalmuseum.

Das herrliche Mosaik der *Schlacht von Issus* aus dem Haus des Faun, das die Niederlage des persischen Königs Darius gegen Alexander den Großen darstellt (S. 72–73), ist eine Kopie eines berühmten griechischen Gemäldes aus dem 4. Jahrhundert v. Chr. Es besteht aus Tausenden von kleinen Marmorwürfeln, *tesserae*, in unterschiedlichen Braun-, Grau-, Gelb- und Rottönen. Die Technik der Mosaikarbeiten bestand darin, auf einer Art Zementunterlage aus verschiedenen Schichten eines Gemisches von Kalkstein, Kieselsteinen und Gips die Marmorwürfelchen und verschiedenfarbigen Glaspasten, aus denen sich das Bild zusammensetzte, zu verlegen. Der Mosaikleger ging nach der Bildskizze vor, die auf die letzte Zementschicht gezeichnet wurde, und konnte sein Können durch die Entwicklung von Form und Farbe und durch die Wirkung von Licht und Schatten unter Beweis stellen. Im allgemeinen wurde das Mosaik vor Ort gelegt, die Hauptgestalt oder das Hauptthema allerdings, die sorgfältiger und mit besserem Material gearbeitet werden mußten, entstanden in der Werkstatt des Handwerkers auf einer speziell geformten Unterlage, dem *emblema*, und wurden dann zum Schluß in das soweit fertiggestellte Bodenmosaik eingefügt.
Entsprechend seinen Wünschen wählte der Kunde aus dem Angebot des Handwerkers an geometrischen oder figürlichen Darstellungen aus; in der überwiegenden Zahl der Fälle handelte es sich um Kopien berühmter Gemälde, denn dem Zeitgeschmack entsprechend legte man mehr Wert auf eine gute Kopie als auf ein schlechtes Original.
Gegenstand, Farben, Form und Komposition der Mosaiken – ob nun figürliche oder abstrakte Darstellungen – sind für uns von höchster Bedeutung, handelt es

Oben:
Ein Blasinstrument aus Bronze, das wahrscheinlich bei religiösen Zeremonien gespielt wurde.

Oben links:
Warmhaltegerät
Bronze.
Kleine Öfen dieser Art gehören zum Küchengerät. Die Flüssigkeit – Wein, Wasser oder irgendetwas anderes – wurde in den zylindrischen Behälter links gefüllt. Von da aus gelangte sie in die Hohlwand der Feuerstelle, rechts, und konnte dann heiß bei dem Hahn auf der rechten Seite entnommen werden.
Aus Stabiae.
Neapel, Archäologisches Nationalmuseum.

Links:
Einige Glasgegenstände und Goldperlen aus Pompeji. Der Vogel am oberen Bildrand ist eine Parfümflasche. Derartige Behälter wurden in der Fabrik zugeschmolzen und durch Abbrechen der Schwanzspitze in Gebrauch genommen.

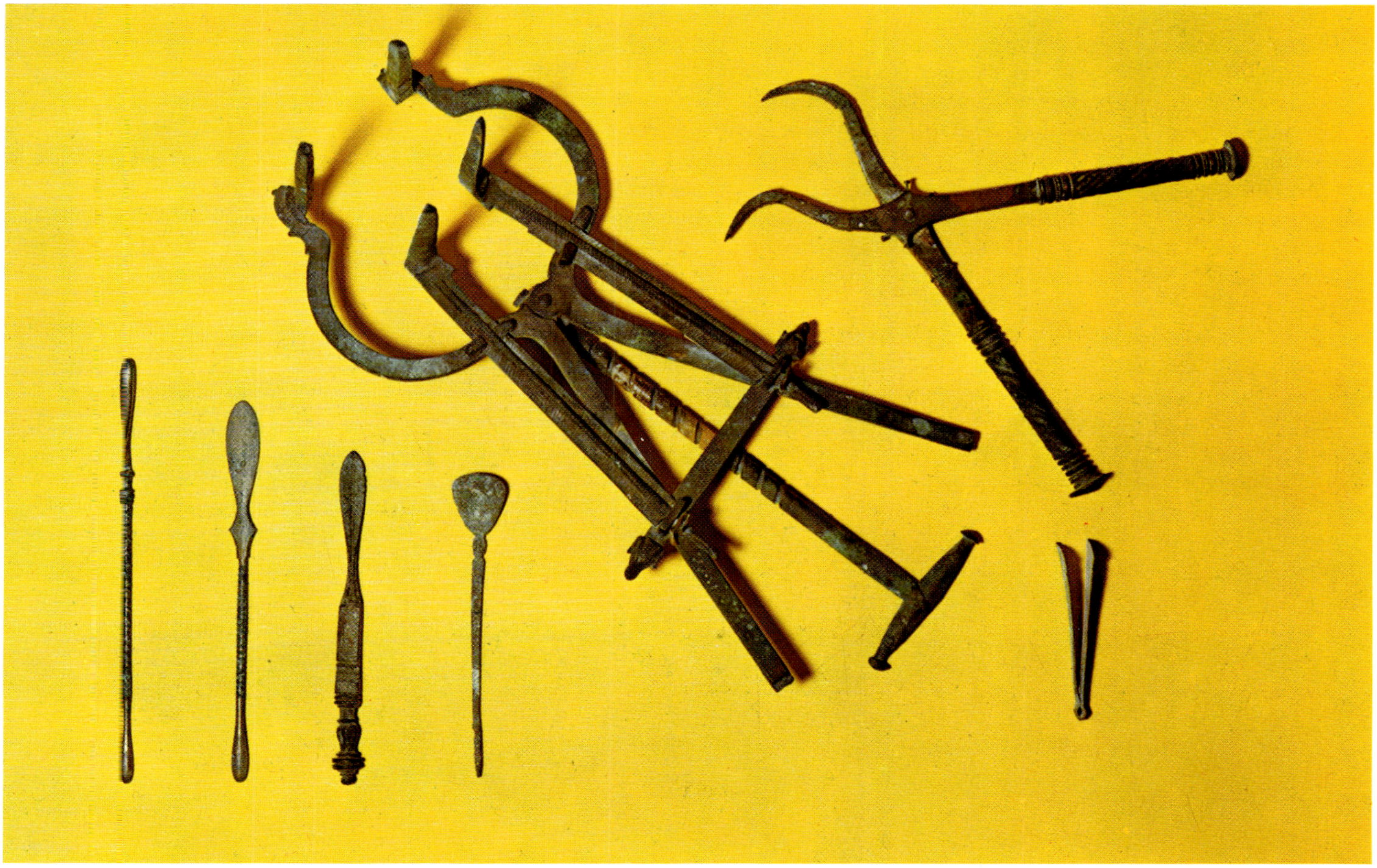

Chirurgische Instrumente.
Bronze und Eisen.
Diese Instrumente wurden in einem der ältesten Häuser Pompejis gefunden. Sie lassen den fortschrittlichen Stand der Medizin im 1. Jahrhundert n. Chr. erkennen. In der Mitte befindet sich ein Metallspiegel, rechts sind zwei Zangen zu sehen.
Aus Pompeji Haus des Chirurgen.
Neapel, Archäologisches Nationalmuseum.

sich doch hierbei, ganz abgesehen von der rein persönlichen Freude an ihrer Schönheit, um die wichtigsten uns zur Verfügung stehenden Zeugnisse der griechischen Malerei. Fresken und Temperabilder auf Holz sind nicht erhalten geblieben, auch wenn wir aus literarischen Quellen (Schriften ästhetisch interessierter Historiker, Chronisten und Philosophen) wissen, daß sie in der hellenistischen Welt weitverbreitet waren, in den Häusern der Vornehmen und Reichen ebenso wie in den Palästen der Könige. Die antike griechische Malerei läßt sich in ihren Hauptcharakteristiken aus der Vielzahl noch erhaltener bemalter Vasen rekonstruieren und auf indirektem Wege auch noch aus den etruskischen Grabmalereien, die den eigenen Traditionen dieses Volkes fremd zu sein scheinen. Der Höhepunkt der griechischen Malerei in der hellenistischen Zeit vom 3. Jahrhundert v. Chr. bis ins 1. Jahrhundert n. Chr. wird heute nur noch durch die Mosaiken dokumentiert, die man in Süditalien, Kleinasien und Nordafrika gefunden hat. Ihnen verdanken wir die Erkenntnis, daß die verfeinerte und kosmopolitische Zivilisation der hellenistischen Welt die Kunst, den Menschen in einer natürlichen Umgebung realistisch zu portraitieren wie auch idealistisch hervorzuheben, bestens verstand. Mit anderen Worten kann man sagen, daß eine elegante, aber genaue Darstellung der physischen Welt mit all ihren Aspekten bevorzugt wurde, in Übereinstimmung mit einer ästhetischen Konzeption, die sich auf Aristoteles zurückführen läßt.

Die Mosaiken von Pompeji, die sich in die Zeit von 200 v. Chr. bis zur Auslöschung der Stadt datieren lassen, geben uns ein weites, wenn nicht sogar vollständiges Panorama des hellenistischen Geschmacks. Das große «Historiengemälde» der *Schlacht von Issus* im Haus des Fauns ist ohne Zweifel das bedeutendste

Mosaik, weil es, rein stilistisch gesehen, eine außerordentlich komplexe Bildsprache erkennen läßt, die in ihrem meisterlichen Ausdruck einem Piero della Francesca oder einem Velasquez vergleichbar ist. Es ist darüberhinaus das einzige Mosaik, das dokumentiert, was wahrscheinlich die offizielle Richtung der Malerei an den zahlreichen hellenistischen Höfen war: Bildepen von der Art der besten Werke der napoleonischen Zeit.
Die Mosaiktechnik wurde jedoch auch noch für eine Reihe weiterer Themenbereiche verwendet: Portraits (S. 75), Ladenschilder, auf denen die gehandelten Güter dargestellt waren, symbolische Darstellungen oder *emblema* des Lebens und des Todes (S. 54), Stilleben und Tierdarstellungen (S. 76), Theaterszenen (S. 36–37, 74). Aus Alexandrien wurden die in Pompeji besonders beliebten Themen wie «Nillandschaft» und vor allem «Fischteich» importiert. Mit derselben Genauigkeit und Freude an der Natur, die schon die Tierdarstellungen auszeichnet, sind auch die «Fischteiche» angefertigt. Sie portraitieren das Meeresleben mit seinen Wasserpflanzen und Einwohnern, einschließlich aller Arten von Schalentieren, die mit Eleganz und einer natürlichen Asymmetrie um einen großen, in der Bildmitte angeordneten Tintenfisch gruppiert sind (S. 77).

Gipsabgüsse von Flüchtenden, die während des Vulkanausbruchs erstickten. Die Abgüsse erhielt man, als man die Hohlräume, die die Körper in der um sie herum erstarrten Lava hinterlassen hatten, mit Gipsbrei auffüllte. Diese Methode, die Gestalt von Körpern, Holzgegenständen, Speisen zu reproduzieren, wurde 1864 von Giuseppe Fiorelli entwickelt.

Mythologische Szene.
Wandmalerei.
Diese mit aufklappbaren Flügeln täuschend echt gemalte Tafel gehört zu einer Bildergruppe, mit der die Galerie des Hauses des Kryptoportikus geschmückt ist. Alkestis nimmt von ihrem Gemahl Abschied; rechts wartet Charon in seinem Boot
Pompeji, Haus des Kryptoportikus.

Portraitkunst

In Pompeji wurden nur sehr wenige Portraits gefunden, ganz gleich ob es sich dabei um Malereien, Mosaiken oder Skulpturen handelt. Diese Kunstrichtung weist jedoch gewisse Charakteristiken auf, die eine direkte Verbindung zu bestimmten Bräuchen in exklusiven Häusern Roms herstellen. Der Portraitstil, der in Rom Mitte des 2. Jahrhunderts v. Chr. entwickelt wurde und dann auch in den Provinzen Verbreitung fand, hat einen einheitlichen Ursprung. Die großen, alten Familiengeschlechter Roms hatten das Privileg des *ius imaginum* erhalten, das Recht, Abbildungen ihrer Vorfahren auf einem Hausaltar aufzustellen, der sich im Atrium des Hauses befand. Wenn ein Mitglied der Familie starb, wurde sofort ein Wachsabbild von ihm hergestellt. Dieses Bild wurde bei der Leichenprozession mitgetragen, wobei die bürgerlichen Tugenden und militärischen Erfolge des Dahingeschiedenen gepriesen wurden. Die Familie nutzte die Gelegenheit, ihr Prestige und ihre Bedeutung darzustellen. Der kleine Altar mit den Ahnenbildern – das *lararium* – wurde daher zum Symbol des Adels (S. 111).
Aus schriftlichen Quellen wissen wir, daß im Laufe des 2. Jahrhunderts v. Chr. die Wachsbilder den Marmor- oder Bronzebüsten oder auf Holz gemalten Portraits weichen mußten; diese wurden oft kopiert, denn wenn eine Adelige heiratete, oder ein Familienmitglied seinen eigenen Hausstand gründete, durften sie in ihrem *lararium* die Bilder aller Ahnen aufstellen. Zur Zeit des Augustus wurde das *ius imaginum* auch den Söhnen derer verliehen, die ein bedeutendes öffentliches Amt erhalten oder dank ihres Reichtums einen Sitz im Senat errungen hatten.

Portrait einer jungen Frau.
Wandmalerei; 28 cm Durchmesser.
Der meditative und verinnerlichte Gesichtsausdruck des Mädchens, das eine Wachstafel und einen Griffel hält, läßt das Ziel des Künstlers erkennen, die Psyche seines Modells darzustellen. Das Gemälde wird manchmal als «Sappho» bezeichnet und stammt aus dem 1. Jahrhundert n. Chr.
Aus Pompeji.
Neapel, Archäologisches Nationalmuseum.

Die wenigen in Pompeji gefundenen Portraits sind – besonders das eines hohen Beamten mit seiner Frau, das im Haus des Paquius Proculus gefunden wurde – vielleicht nur die mittelmäßigen Widerspiegelungen einer provinziellen Mittelklasse, die die Bräuche des hohen Adels imitierte, aber sie dokumentierten das Vorhandensein alter, wenn nicht gar adeliger Familien (S. 83). Der sogenannte *Sappho-Tondo* (oben) stellt das Portrait einer jungen Dame mit orientalischer Haartracht dar, die die Werkzeuge ihres Schreiberberufs in Händen hält. Das Bild gehört wahrscheinlich zu einer Reihe idealisierender Portraits berühmter Persönlichkeiten, mit denen die Intellektuellen der damaligen Zeit gerne ihre Bibliotheken schmückten.
Die besten Familienportraits, die in Pompeji entdeckt wurden – zwei in Bronze und drei in Marmor –, fanden sich im Haus des Kitharaspielers. Es war sehr groß, stammte aus dem 1. Jahrhundert v. Chr., lag an der Kreuzung der Via dell' Abbondanza mit der Via Stabiana und hatte sehr reiche Besitzer. Aus politischen Parolen in der Nachbarschaft und Inschriften im Inneren des Hauses kann man schließen, daß es den Popidii gehörte. Das war eine Familie von Landbesitzern, die von Sklaven abstammte und im 3. Jahrhundert v. Chr. allmählich wichtige Positionen in der Stadtverwaltung übernahm. Später, unter Nero, unterhielt sie enge Verbindungen zum Hof. Aufgrund des Stils und der Haarmode lassen sich diese Portraits in das 1. Jahrhundert v. Chr. datieren (S. 85).

Rechts:
Portrait eines hohen Beamten und seiner Frau.
Wandmalerei; 57 × 52 cm.
Dieses Bild war Teil der Wandbemalung eines pompejanischen Hauses, von dem angenommen wird, daß es dem Bäcker Terentius Proculus und dessen Bruder, dem Beamten Terentius Neo, gehörte. Die Symbole des Lernens – Schriftrolle, Wachstafel, Griffel – deuten darauf hin, daß es sich um das Portrait Terentius Neos und seiner Frau handeln könnte.
Neapel, Archäologisches Nationalmuseum.

Apollo.
Bronze.
Die Statue ist die Kopie eines Originals aus der Mitte des 5. Jahrhunderts v. Chr. und läßt sich auf die 2. Hälfte des 1. Jahrhunderts v. Chr. datieren. Der Gott hält in der rechten Hand ein plectrum; *seine linke Hand hielt wahrscheinlich eine Fackel oder eine Kerze.*
Aus Pompeji, Haus des Kitharaspielers.
Neapel, Archäologisches Nationalmuseum.

Kopf eines Knaben.
Marmor.
Der Knabe wurde als Mitglied der Popidii identifiziert, einer der mächtigsten und reichsten Familien vor der Kolonisation durch Rom.
Aus Pompeji, Haus des Kitharaspielers.
Neapel, Archäologisches Nationalmuseum.

Skulpturen

Einige der schönsten Skulpturen Pompejis wurden ebenfalls in diesem Haus gefunden. Darunter befand sich eine Reihe von Bronzetieren, die den Teich im Peristyl schmückten, zum Beispiel eine Gruppe mit einem Eber, der von zwei Hunden angefallen wird, eine andere mit einem Löwen, der eine Gazelle verfolgt, und eine Schlange. Hierzu gehört auch noch die Statue des *Apollo* als *Kitharaspieler*, von der das Haus seinen Namen hat, die den Gott als Schutzherrn der Künste darstellt (S. 84). Die relativ geringe Zahl an größeren Statuen läßt sich möglicherweise durch Verluste infolge des Erdbebens im Jahre 62 n. Chr. erklären. Aus dem Umstand, daß bis heute nur je eine Erzgießer- und Marmorbildhauerwerkstatt gefunden wurde, kann man vielleicht schließen, daß die örtliche Produktion nicht von Bedeutung war. Man hat stattdessen Statuen und Kleinbronzen für den Gartenschmuck wohl aus anderen Städten Kampaniens, wie Capua, importiert, die der hellenistischen Tradition folgten.
Das Forum selbst und viele der umliegenden Gebäude müssen mit Statuen und Ehrenmonumenten, die errichtet wurden, um an die Verdienste der verschiedenen hohen Beamten zu erinnern, reich ausgestattet gewesen sein, so zum Beispiel das des Holconius Rufus (S. 23). Darauf weisen die zahlreichen Sockel hin, die vor Ort gefunden wurden. Seit der Zeit des Augustus war es darüberhinaus

Seiten 86–87:
Blick in das monumentale Atrium des Hauses der silbernen Hochzeit vom Peristyl aus. Der letzte Besitzer dieses Hauses war L. Albucius Celsus, Mitglied einer uralten pompejanischen Familie.

üblich, dem Kaiser und seiner Familie in jeder Stadt des Reiches auf Gemeindekosten ein Standbild zu errichten. Es ist sehr wahrscheinlich, daß in Pompeji Statuen dieser Art nicht nur auf dem Forum vor dem Jupitertempel standen, sondern auch im Inneren des Tempels der Fortuna Augusta. Die Statue des herrschenden Kaisers – sowie die seiner Frau und seines Sohnes – standen wohl auch in allen Amtsräumen der Verwaltung.

Götterbilder

Götterstandbilder lassen sich in zwei Arten einteilen: Zum einen die, die in den Tempeln standen. Sie bestanden aus Marmor, Gold oder Elfenbein, wie ihre griechischen Gegenstücke auch; von ihnen sind aber nur einige wenige Fragmente erhalten geblieben. Zum anderen die, die der privaten Verehrung dienten. Sie wurden zwischen den Kolonnaden der Tempel errichtet, bestanden aus Bronze oder Marmor und hatten vor sich einen kleinen Altar. Man kann davon ausgehen,

Oben:
Venus in der Muschel. Wandmalerei.
Bild im Vierten Stil im Peristyl des Hauses der Venus. Die theatralische Pose stammt von hellenistischen Vorbildern. Die Göttin, die goldenen Schmuck trägt, hält in der einen Hand einen Fächer und in der anderen einen im Wind flatternden Schleier. An ihren Seiten befinden sich zwei Cupidos, die auf Delphinen reiten.
Pompeji, Haus der Venus.

Rechts:
Gartenszene. Wandmalerei.
Detail eines Bildes, das sich neben der «Venus in der Muschel» im Peristyl des Hauses der Venus befindet. Verschiedene Vogelarten sind vor einem Blumenhintergrund dargestellt.
Pompeji, Haus der Venus.

Links:
Venus zieht ihre Sandale an.
Intarsie aus verschiedenfarbigem Marmor (opus sectile); 29 × 24 cm.
Unter den zahllosen Darstellungen der Venus in Pompeji befindet sich auch diese Tafel in einer ungewöhnlichen Technik. Venus war die Schutzgottheit der Stadt und wurde von den Pompejanern als Göttin der Liebe und wohlwollende Herrscherin der Natur angebetet.
Aus Pompeji.
Neapel, Archäologisches Nationalmuseum.

Rechts:
Venus und Priapus.
Vergoldeter Marmor; 63 cm.
Wahrscheinlich nach einem Original aus Kleinasien, das um 200 v. Chr. entstanden ist.
Die reichvergoldete Statue zeigt die Göttin bei ihrer Vorbereitung auf das Bad. Sie hält sich an einer Statuette des Priapus fest, und zu ihren Füßen sitzt ein kleiner Eros.
Aus Pompeji, Haus der Julia Felix.
Neapel, Archäologisches Nationalmuseum.

Links:
Gartenszene mit Mars.
Wandmalerei.
Ganz dem neuen römischen Geschmack für Landschaftsgärten entsprechend, ist diese Mauer im Peristyl im Haus der Venus – 1952 ausgegraben – mit einer Gartenlandschaft bemalt. Im Garten sind Vögel zu sehen und im Vordergrund, auf einer Basis, eine Statue des Mars.
Pompeji, Haus der Venus.

daß diese Statuen, wie die Mehrzahl der in Rom gefundenen auch, Kopien berühmter griechischer Vorbilder waren. Sie wurden zum einen in Fachbetrieben in Rom und Athen hergestellt, zum anderen handelte es sich aber auch um handwerkliche, mittelmäßige Imitationen aus Kampanien.

Zu den beliebtesten Göttern in Pompeji gehörten neben Apollo, der während der griechischen Zeit der Stadtgott war, noch Isis, die ägyptische Göttin des Jenseits, und Venus, die Beschützerin der Stadt, nachdem diese römische Kolonie geworden war, sowie Priapus, eine italische Gottheit, deren Kennzeichen ein mächtiger Phallus war. Priapus war der Beschützer der Natur und des Handels, Überbringer des Reichtums und Beschützer vor dem bösen Blick.

Der wichtigste der frühen persönlichen Kulte war die Verehrung der Laren, der Schutzgottheiten des Hauses. Es war üblich, im Haus einen Schrein, das Lararium, zu haben, der mit Malereien (S. 18) ausgeschmückt war. Die Bilder der Venus und des Priapus waren jedoch die in den Häusern Pompejis am meisten verbreiteten. Als verehrungswürdige Gottheit wurde die Göttin der Liebe, wie überall in der hellenistischen Welt, in idyllischen, erotischen oder Liebesszenen in Malereien, Mosaiken, Terracotten sowie kleinen Bronze- oder Marmorstatuetten dargestellt. Aus den Mythen und Legenden, die in der Literatur jener Epoche auftauchten, entwickelten sich Darstellungen der Göttin als Meergeborene, in eine Muschel gelehnt (S. 88) oder wie sie sich für das Bad vorbereitet (S. 91), wobei sie von Faunen und kleinen Göttern verstohlen beobachtet wird, oder von der Hochzeit mit Mars, dem Kriegsgott (S. 94–95), wie sie ihren kleinen Sohn Cupido, den Liebesgott, bestraft (S. 97) oder auch als sanfte Mutter der Familie.

Rechts:
Die drei Grazien.
Wandmalerei.
Ein Gemälde im Vierten Stil, aus hellenistischen Vorbildern entwickelt. Die Grazien symbolisierten Schönheit, Anmut und Weisheit. Sie waren Töchter des Zeus, hatten aber verschiedene Mütter.
Aus Stabiae.
Neapel, Archäologisches Nationalmuseum.

Seiten 94–95:
Die Hochzeit von Venus und Mars.
Wandmalerei; 45 cm hoch.
Das Bild ist auf 50 n. Chr. datierbar und ist Teil der prächtigen Ausmalung des tablinum *im Haus des Marcus Lucretius Fronto. Die beiden Gottheiten auf der linken Seite empfangen ihre Gäste im Schlafzimmer. In der Mitte spannt Eros einen Bogen.*
Pompeji, Haus des Marcus Lucretius Fronto.

Links:
Der Sturz des Ikarus, Detail.
Wandmalerei.
Die rasche, skizzenhafte Manier in dieser Darstellung der Legende von Ikarus gehört zum späten Vierten Stil. Diese Art zu malen hat etwas gemeinsam mit den sich auflösenden Konturen im modernen Impressionismus.
Aus Pompeji, Haus des Marcus Lucretius Fronto.
Neapel, Archäologisches Nationalmuseum.

Rechts:
Cupido wird von Venus bestraft.
Wandmalerei.
Eine Frau führt den weinenden Knaben zu Venus, die mit ihm schimpft, weil er seine Macht mißbraucht hat. Die Anordnung der Felsen und Bäume in dieser mythologischen Szene stammt aus hellenistischen Landschaften.
Aus Pompeji, Haus des bestraften Amors.
Neapel, Archäologisches Nationalmuseum.

Wandmalereien

Pompejanische Malereien, die in den Städten rund um den Vesus gefunden wurden, sind die wichtigsten Dokumente für unsere Kenntnis der römischen Malerei während der Zeit vom Ende der Republik bis in das erste Jahrhundert des Kaiserreiches. Daneben haben das Fehlen von Fresken außerhalb von Rom und ihre geringe Anzahl in der Hauptstadt selbst sowie der totale Verlust der Tafelmalereien erheblich zu den Schwierigkeiten beigetragen, die authentische Geschichte der römischen Malerei zu rekonstruieren. Wir besitzen nur Hypothesen und Mutmaßungen, die auf einer Reihe von Werken beruhen, von denen man annimmt, daß sie typisch für die Hauptrichtung sind sowie einige Literaturstellen, in denen auf Techniken und Stile der Epoche eingegangen wird. Vitruv und Plinius der Ältere gaben, trotz ihrer einigermaßen ausführlichen Kommentare zur Malerei, nur dem Geschmack der Intellektuellen des 1. Jahrhunderts v. Chr. Ausdruck, mit der Folge, daß sich ihre Meinung nur teilweise in der pompejanischen Kunst widerspiegelt. Zur Illustration der Schwierigkeiten könnten wir uns jemanden aus dem 30. Jahrhundert vorstellen, der sich ein Bild von der Kunst der Renaissance nicht anhand der Fresken Michelangelos in der Sixtinischen Kapelle oder Leonardos Mona Lisa machen soll, sondern nur Wandmalereien eines unbedeutenden Künstlers in einem kleinen Palast in einer durchschnittlichen italienischen Provinzstadt zur Verfügung hat.

Zentaur mit Kitharaspieler.
Wandmalerei; 30 cm hoch.
Diese lebhafte Gruppe, die sich, außerordentlich elegant angeordnet, vom schwarzen Hintergrund abhebt, ist dem späten Dritten Stil, etwa Mitte des 1. Jahrhunderts n. Chr., zuzuordnen. Sie ist eine von mehreren ähnlichen Gruppen, mit denen die Wände in der Villa des Cicero bemalt waren. Diese Villa lag außerhalb der Porta Ercolano an der Via dei Sepolcri.
Aus Pompeji, Villa des Cicero.
Neapel, Archäologisches Nationalmuseum.

Hypothesen zu den wichtigsten Stilrichtungen der römischen Malerei können jedoch wie folgt aufgestellt werden. Ursprünglich entstand eine Maltradition, die derjenigen anderer italischer Kulturen entsprach, wie sie zum Beispiel auf Vasen und in Gräbern der Etrusker zu sehen ist. Dann kam der Einfluß der hellenistischen Kultur, der sich bemerkbar gemacht haben muß, als sich diese im 3. Jahrhundert v. Chr. vom östlichen Mittelmeerraum her ausbreitete. Von dieser Zeit an entstand, vermischt mit örtlichen Traditionen, eine Bildersprache, die sich schließlich bis zum Malstil der frühchristlichen und der byzantinischen Zeit hin entwickelte.
Die frühesten Beispiele pompejanischer Malerei, die sich an den Anfang des 2. Jahrhunderts v. Chr. datieren lassen, stehen in der hellenistischen Tradition, die auf die Stadt am Vesus, bevor diese römische Kolonie wurde, aufgrund der wirtschaftlichen und kulturellen Beziehungen der Bucht von Neapel zu Nordafrika und Kleinasien, ganz ohne Zweifel einen wesentlich größeren Einfluß ausübte als auf Rom selbst. Auf der anderen Seite wissen wir ganz sicher, daß nach der Eroberung von Korinth durch Rom, im Jahre 169 v. Chr., viele kostbare griechische Kunstwerke, sowohl Gemälde als auch Statuen, als Kriegsbeute nach Rom verschleppt und dort als Dekoration für Tempel und öffentliche Gebäude

Bacchantin, die einen Kentaur zähmt.
Wandmalerei; 30 cm hoch.
Ein weiteres Beispiel aus der Reihe der Malereien in der «Villa des Cicero». Ein Kentaur wird von einer Bacchantin gezähmt, die einen Thyrsos in der rechten Hand hält.
Aus Pompeji, Villa des Cicero.
Neapel, Archäologisches Nationalmuseum.

aufgestellt wurden. Außerdem entdeckten die kultivierten Bürger ihre Passion für das Kunstsammeln und sie waren bereit, für griechische Originale auch astronomische Preise zu bezahlen. Als Folge dieser Umstände zeigt sich die römische Kunst im 1. Jahrhundert vor und nach Christus als von der griechischen grundlegend beeinflußt. Die Entwicklung der pompejanischen Malerei scheint von diesen Entwicklungen jedoch nur unwesentlich berührt zu sein. Es läßt sich jedoch, wie zum Beispiel bei den Mosaiken, unmöglich feststellen, inwieweit hier griechische Originale detailgetreu kopiert oder aus dem örtlichen Geschmack und der Tradition heraus interpretiert und verarbeitet wurden.

Künstlerwerkstätten

Bis heute wurde in Pompeji noch kein Atelier eines Malers gefunden, wobei das auch an der Vergänglichkeit der einfachen Werkzeuge liegen kann. Andererseits besteht natürlich auch kein Zweifel daran, daß die Künstler in den Häusern ihrer Kunden sozusagen vor Ort arbeiteten, und so wurden ja auch tatsächlich in den Häusern viele Räume mit unvollendeter Bemalung gefunden, genauso wie die Arbeiten durch die Katastrophe zwangsweise beendet wurden. Nach dem Erdbe-

ben im Jahre 62 n. Chr., bei dem viele Gebäude zerstört worden waren, muß ein reger Betrieb beim Ausmalen neuer und beim Restaurieren älterer Häuser geherrscht haben. Es ist außerdem wahrscheinlich, daß infolge der großen Nachfrage nicht nur einheimische Künstler, sondern auch solche aus anderen Städten Kampaniens und noch entfernteren Gegenden in Pompeji gearbeitet haben.
Die Maler teilen sich in der gesamten römischen Welt in zwei Berufszweige auf: Die *imaginarii*, die Maler von Figuren und Bildern (Bilder auf der Staffelei und Fresken) und die *parietarii*, die die dekorativen Elemente der Fresken malten. Die Werkstatt wurde von einem Meister geleitet, der mit den Kunden verhandelte, die wichtigsten Bildpartien selbst malte und den Rest seinen Gehilfen überließ. Seit die römischen Bürger handwerkliche Betätigungen ablehnten, übten nur noch Freigelassene und Sklaven den Malerberuf aus und die letzteren gehörten ganz einfach zu den «Werkzeugen» der Werkstatt und konnten mit dieser auch verkauft werden, sehr oft zu hohen Preisen.
Ähnlich waren die Werkstätten der Stukkateure organisiert. Ihnen oblag die Verzierung der Säulen, Kapitelle, Gewölbe und Gesimse mit geometrischen oder figürlichen Motiven, die noch vor dem Eintreffen der Freskenmaler in lebendigen Farben gestrichen wurden. Ein eigener Berufszweig war das Malen von Inschriften, bei denen es sich vorwiegend um Wahlparolen handelte. Der Meister wurde bei seiner Arbeit von zwei Gehilfen unterstützt, dem *delabator*, der die Mauer weiß anmalte, als Hintergrund für die Schriftzüge, und dem *lanternarius*, der die Leiter hielt und vor allem die Lampe, denn diese Arbeit wurde meist bei Nacht ausgeführt. Die Arbeit der Künstler begann ansonsten im Morgengrauen und endete erst mit Sonnenuntergang. Plinius der Ältere zitiert, als völlig aus dem Rahmen fallend, den Fall des Fabullus (oder Famullus), eines berühmten Malers, der den Palast des Nero, die Domus Aurea, mit Fresken versah und nur wenige Stunden am Tag arbeitete.
Fabullus ist einer der sehr wenigen Maler, dessen Name uns überliefert ist. Im allgemeinen betrachteten sich die Maler selbst als Handwerker, wie die übrigen Handwerker und Arbeiter auch, und sie signierten ihre Werke daher nur selten.

Das trojanische Pferd wird in die Stadt gezogen. Wandmalerei.
Eine der Szenen aus dem trojanischen Krieg, die in einem Zimmer im Haus des Menander dargestellt sind. Im Vordergrund ziehen die Trojaner das riesige Pferd in die Stadt.
Aus Pompeji, Haus des Menander.
Neapel, Archäologisches Nationalmuseum.

Iphigenie in Tauris, Detail.
Wandmalerei.
Der Ausschnitt zeigt, wie die Tochter
Agamemnons in das Heiligtum geführt wird.
Aus Pompeji.
Neapel, Archäologisches Nationalmuseum.

Die einzige Signatur, die in Pompeji gefunden wurde, stammt von einem gewissen Lucius, der, wahrscheinlich nach 62 n. Chr., im Haus des Octavius Quartio (irrtümlich Loreius Triburtinus genannt) eine Szene nach Ovid malte. Ihm wird auch, aufgrund eines Stilvergleichs, ein Gemälde im Haus des Marcus Lucretius Fronto zugeschrieben.

Proserpina kehrt aus dem Reich des Hades zurück.
Wandmalerei.
Es handelt sich hier um eine Szene aus dem Mythos der Proserpina, die eine Hälfte des Jahres in der Unterwelt verbringen muß, und die andere Hälfte bei ihrer Mutter Ceres im Diesseits verbringen darf. Ihre Rückkehr aus dem Hades symbolisiert den Beginn des Frühlings.
Pompeji, Haus der Vettier.

Die Technik der Wandmalerei

Die Produktion der pompejanischen Werkstätten dürfte sich wohl auf figürliche und dekorative Wandmalereien beschränkt haben, Bilder auf Holztafeln wurden wahrscheinlich in Rom oder anderen größeren Zentren gekauft. Die Technik, die bei den antiken Wandmalereien, die nicht ganz richtig als Fresken bezeichnet werden, angewandt wurde, wird schon seit langem untersucht; die Schlußfolgerungen waren aber oft sehr gegensätzlich. Nach der wahrscheinlichsten Hypothese wurde auf die Mauer ein acht Zentimeter starker Untergrund in insgesamt sieben Schichten aus verschiedenem Material aufgebracht: Die erste bestand aus Mörtel mit Terracottasteinchen, dann folgten drei aus Kalk und Sand, und die restlichen drei bestanden aus Zement mit Marmor- oder oft auch Terracottastaub. Um das Eindringen von Feuchtigkeit in die Mauern zu verhindern, wodurch die Fresken zerstört würden, war es zeitweise üblich, die zu bemalende Wand vor dem Aufbringen der Schichten mit Kacheln oder Bleiplatten abzudecken. Solange die äußerste Putzschicht noch feucht war, wurden die Umrisse der Zeichnung mit Hilfe von Schnüren, Bleidraht, kleinen Stöckchen und Zirkeln angegeben; dann begann sofort die Arbeit des Malers, damit die Farbe absorbiert werden konnte. Die Arbeit begann an der Decke und schritt, der geometrischen Unterteilung der Zeichnung folgend, so wie sie vom Künstler festgelegt worden war, bis zum Boden hinunter voran. Die dünne Trennlinie, die sich zwischen dem bemalten Verputz des letzten Tages und dem neu zu bemalenden frischen Verputz ergab, wurde mit dekorativen Elementen übermalt. Um eine schimmernde Oberfläche zu erhalten, die zu jener Zeit außerordentlich beliebt war – Vitruv betonte, daß sie wie ein Spiegel reflektieren sollte – war es notwendig, den Untergrund erst

Rechts:
Odysseus lauscht dem Gesang der Sirenen.
Wandmalerei.
Die Klippen, zwischen denen Odysseus durchsegelt, sind in ihrer Form, Farbe und Bewegung rasch hingeworfen. In der Schiffsmitte ist Odysseus am Mast festgebunden, während die Sirenen auf den Felsen singen und musizieren. Eine hat eine Lyra, eine andere einen Aulos.
Aus Pompeji.
London, Britisches Museum.

Links:
Perseus mit dem Haupt der Meduse.
Wandmalerei.
Der triumphierende Perseus zeigt das Haupt der Gorgone, die er mit Hilfe von Athene und Hermes getötet hat. Perseus trägt die geflügelten Sandalen, die ihm die Flucht vor den Schwestern der Meduse ermöglichten.
Aus Pompeji.

Perseus befreit Andromeda.
Wandmalerei.
Hier handelt es sich um eine freie, poetische Interpretation des Perseusmythos. Er befreit Andromeda, die Tochter des Cepheus, mit Hilfe magischer Waffen aus den Klauen eines Seeungeheuers.
Aus Pompeji.
Neapel, Archäologisches Nationalmuseum.

einmal zu polieren und ihn zu verdichten, indem man ihn mit Schlegeln festklopfte. Nachdem die Malerei fertig war, wurde die Oberfläche mit Marmorstaub poliert, um sie so glatt wie Glas zu bekommen. Der letzte Glanz auf Stuck und Fresken wurde durch das Aufbringen einer Wachspolitur herausgeholt.
Die Farben gewann man aus verschiedenen Mineralien, die man zu Pulver zerstampfte und mit Wasser zu einem Brei anrührte; tierische und pflanzliche Öle wurden ebenfalls zugemischt. Schwarz erhielt man aus Harz, harzhaltigem Holz oder Maische, die in einem Ofen gebrannt wurden. Himmelblau wurde in einer berühmten Werkstatt in Pozzuoli aufbereitet, die dem Bankier Vestorius gehörte, der die Pigmente aus dem Nahen Osten einführte. Die berühmteste, begehrteste und teuerste Farbe war Zinnoberrot (das sogenannte pompejanische Rot), das in Rom aus einer bestimmten Quecksilberverbindung gewonnen wurde, die es nur in Kleinasien bei Ephesus und in Spanien in der Nähe von Sisapo gab. (Es scheint so, als ob das Pulver sehr oft illegal mit rotem Bleioxid gestreckt oder mit fein geriebenem Bergeschenholz und getrocknetem Ziegenblut vermischt wurde.) Es scheint außerdem so zu sein, daß die Wachsbrandmalerei, bei der die Farbe mit Wachs vermischt und zum Auftragen verflüssigt wird, nur für das Zinnoberrot angewendet wurde.
Auch wenn die Ausstattung eines Raumes als Einheit von Stuckarbeiten, dekorativen Elementen und figürlichen Malereien auf Tafeln angesehen wurde, so betrachtete man die letzteren sicherlich doch als den bedeutendsten Teil. Sie wurden grundsätzlich in der Wandmitte angebracht und wenn man mehr als eine besaß, wurden sie gut sichtbar in Augenhöhe der Betrachter angeordnet. Einige dieser Tafeln wurden in den Werkstätten hergestellt, und zwar in Holzrahmen, und anschließend in die Wand eingesetzt; in der Mehrheit der Fälle wurden jedoch alle dekorativen Elemente fertiggestellt, bevor die für die Tafel vorgesehene Fläche abgeklopft und eine neue Mörtelschicht aufgetragen wurde.

Motive der Malereien

Da sie aus hellenistischen Vorbildern entwickelt wurden, bezogen sich die meisten Bildmotive auf die reichen literarischen und mythologischen Vorlagen jener Kultur. Die Leute, die die Traditionen des klassischen Griechenlands übernahmen und weiterentwickelten, hatten keine Bedenken, die Mythen und Legenden um die griechischen Götter und Göttinnen frei auszulegen und mit Elementen aus orientalischen Kulten anzureichern. Die Religion war auf eine Reihe von Riten und Zeremonien reduziert, deren Wirkung eher oberflächlich war als von wahrem Glauben geprägt; außerdem trat eine fast mystische Identifikation der Bevölkerung mit den Helden epischer Gedichte und verlorengegangener klassischer griechischer Theaterstücke auf. Die Götter und Halbgötter wurden daher zu Darstellern in Geschichten über abenteuerliche Reisen, ruhmreiche Unternehmungen sportlicher Natur und erotischer Begegnungen degradiert.
Aus diesem weiten Gebiet der Phantasie wurden die Themen gewählt, die die Maler auf den Wänden der Häuser darstellen sollten, um die beliebtesten Szenen aus den Erzählungen und der Lyrik in Erinnerung zu behalten. Andere Quellen waren zweifellos Codices mit figürlichen Szenen – Vorläufer der illustrierten Handschriften des Mittelalters –, von denen wir annehmen können, daß sie in Pompeji als Vorlagen für griechische und hellenistische Themen dienten, wie jene im Haus des Kryptoportikus (S. 81), oder Darstellungen aus der Illias und der Odyssee (S. 100, 103). Was die dramatischen Themen der klassischen Tragödie betrifft, so läßt sich sagen, daß weibliche Charaktere eindeutig vorgezogen wurden, ob es sich nun um unschuldige Opfer wie Iphigenie handelte (S. 101) oder um Opfer unerbittlicher Furien mit übernatürlichen Kräften wie Medea (S. 136).
Ein gewisses Pathos charakterisiert die Darstellungen von Ereignissen aus dem Leben unglücklicher Menschen, wie zum Beispiel von Hero und Leander, dem

Rechts:
Das Bankett, Malerei im Vierten Stil aus dem Speiseraum (triclinum) *eines pompejanischen Hauses, dessen Besitzer hier mit Gästen und jungen Sklaven dargestellt ist.*
Aus Pompeji.
Neapel, Archäologisches Nationalmuseum.

Seiten 108–109:
Der kleine Garten (viridarium) *im Haus der Ceii. Auf der Rückwand ist eine große Nillandschaft dargestellt. An der Wand rechts sind Szenen mit wilden Tieren zu sehen: Oben greifen Wölfe einen Eber an, unten jagt ein Löwe einen Stier. Pompeji.*

Links:
Alkoven am Peristyl im Haus des Menander. Die Malerei im Vordergrund hält man für ein Portrait des griechischen Dichters Menander, der im 4. Jahrhundert v. Chr. lebte. Der folgende Alkoven mit dem Stuckgewölbe ist mit einer Gartenszene ausgemalt.

Rechts:
Das Lararium im Haus des Menander, es befindet sich in einer Nische am Peristyl. Auf einem kleinen Altar stehen Statuetten der Vorfahren.

Eine goldene Bulle aus dem Haus des Menander. Dieser Schmuck wurde von Kindern, die von freier Geburt waren, an einer Halskette getragen. Neapel, Archäologisches Nationalmuseum.

Paar, dem seine Liebe den Tod brachte, oder von Ikarus, der in Pompeji mit seinem kühnen Fluchtversuch dargestellt ist, bei dem er ein unerbittliches Schicksal herausfordert (S. 96). Die Episoden aus den Mythen der Götter sind gewollt sentimental, besonders die mit weiblichen Hauptdarstellern, wie der Raub der Europa durch den als Stier auftretenden Jupiter, oder die Omphale, die einen schwachen und verteidigungsunfähigen Herkules in ihrer Gewalt hat. Die beiden beliebtesten Heroen scheinen gewesen zu sein: Theseus, der den Minotaurus besiegt hat und immer mit dem Monster zu seinen Füßen und umgeben von Mädchen und Knaben, die ihm für ihre Rettung danken, dargestellt ist, und Perseus, der die Medusa mit dem Schlangenhaar tötete (S. 104) und Andromeda von dem Meerungeheuer befreite (S. 105).

Bacchus und sein Gefolge

Von einer Stadt, für die der Weinhandel die Hauptquelle des Reichtums darstellte, kann man annehmen, daß sie eine große Zahl von Götterbildern des Bacchus, des Gottes der Weingärten, besaß. Der Gott ist dargestellt in festlichen Szenen seines Triumphes mit seinem Gefolge von Satyrn, Musikanten und Bacchanten beim Probieren des jungen Weins (S. 112, 129, 131, 140, 141, 143) oder mit Ariadne, die er in Naxos gefunden hatte, wo sie von Theseus verlassen worden war. Eine typisch pompejanische Darstellung ist anscheinend die des

Links:
Becher mit Cupidos, die auf Kentauren reiten.
Silber.
Es sind zwei Seiten des kantharus *oder Trinkbechers zu sehen, der aus dem einhundertachtzehn Teile umfassenden Schatz prächtiger Silbergeräte stammt, der in unterirdischen Zimmern im Haus des Menander gefunden wurde.*
Neapel, Archäologisches Nationalmuseum.

Links unten:
Ein Paar römischer Trinkbecher.
Silber.
Die beiden kantharoi *aus dem luxuriösen Silberschatz vom Haus des Menander sind mit Hochreliefs, die Olivenzweige darstellen, verziert und stammen aus der Zeit des Augustus.*
Neapel, Archäologisches Nationalmuseum.

Unten und unten rechts:
Eine Silberschale für Obst oder Gebäck in Form einer Muschel und ein silberner Schöpfer, dessen Handgriff mit einem Medusenhaupt verziert ist.
Aus Pompeji, Haus des Menander.
Neapel, Archäologisches Nationalmuseum.

früchtebekränzten Bacchus mit dem weinrebenbedeckten Vesuv im Hintergrund als versöhnendes Symbol für die Fruchtbarkeit der Erde (S. 18).
Die Personen aus den bacchantischen Umzügen wurden auch sehr oft in kleinen, sehr erotischen Liebesszenen auf den Friesen, die die Wände unterteilten, und auf architektonischen Phantasiegebilden dargestellt (S. 125). Diese bacchantischen Gestalten wurden oft begleitet von geflügelten Knaben, den Cupidos oder von nackten Figuren, die dem Eros ähnelten, zu dessen Festzug sie zusammen mit ihren weiblichen Pendants, den *psychai* (S. 124), gehörten.
Zusätzlich zu den Mythen schloß das Repertoire der pompejanischen Malerei auch Szenen aus dem täglichen Leben ein, wie die berühmte *Bäckerei* (S. 56), sowie Imitationen von Theaterkulissen (S. 138, 158). Außerdem gab es Stilleben mit Früchten, Fischen oder Spielen oder Dingen des täglichen Gebrauchs wie Teller, Gläser und Schreibgerät. Die Darstellung von Gärten mit Pflanzen und Vögeln spiegelt den hellenistischen Geschmack mit seiner Naturliebe wider (S. 89, 92, 139). Halb phantastische Variationen dieses Themas sind die Nilszenen, mit Pflanzen, Tieren und Flußgottheiten, oder die belustigenden Episoden mit Pygmäen, die mit Tigern und Flußpferden kämpfen, in einem lebendigen, expressionistischen Stil.

Das Haus des Menander

Das Haus des Menander, eines der ältesten und schönsten in der Stadt, gehörte zur Zeit des Vulkanausbruchs einem gewissen Quintus Poppaeius, einem Verwandten der Poppeia, der Frau des Kaisers Nero. Das Haus wurde etwa 250 v. Chr. erbaut und liegt in der Nähe des Theaterviertels. Es wurde immer wieder erweitert und renoviert und scheint während der drei Jahrhunderte seines Bestehens immer derselben Familie gehört zu haben. Hinter dem Eingang, dem Atrium und den Empfangsräumen erstrecken sich ein riesiges Peristyl, mit einem Becken in der Mitte, ein von einer Pergola überdeckter Garten, eine Reihe von Zimmern für die Hausbesitzer und der größte Speiseraum in Pompeji. Für die Bediensteten standen am Ende fünfzehn Räume zur Verfügung. Von beträchtli-

Rückseite eines silbernen Spiegels, sie ist mit einem Relief eines Frauenkopfes verziert. Aus Pompeji, Haus des Menander. Neapel, Archäologisches Nationalmuseum.

Rechts:
Goldjuwelen aus Pompeji.
Von oben: Armband aus hohlen Halbkugeln aus Gold; schlangenförmiger Armreif mit einem Rubin; Ring mit einem Karneol, aus dem das Profil eines Mannes herausgearbeitet ist. Neapel, Archäologisches Nationalmuseum.

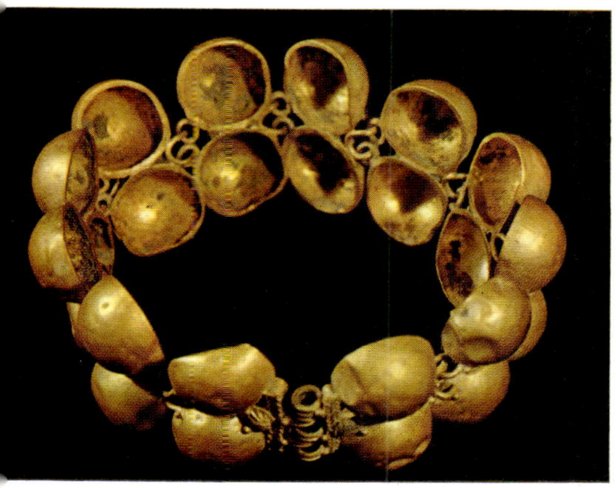

chem Interesse ist das private Bad, das aus drei Räumen besteht, die mit Malereien und Mosaiken reich ausgeschmückt sind und Einrichtungen für das Heißbad, das Kaltbad und das tepidarium enthalten. Es gab außerdem eine Latrine. Zur Küche gehörte ein Garten, in dem das im Haushalt benötigte Gemüse gezogen wurde. Der außerordentliche Reichtum der Besitzer wird durch eine Fünfzimmer-Wohnung in der Nähe der Wohnräume der Familie unterstrichen, die von einem Freigelassenen namens Eros bewohnt wurde, dem die Diener und die Landwirtschaft unterstanden.

Alle von der Familie benutzten Räume sind reich mit Wandmalereien, Stuckverzierungen und Mosaikfußböden ausgestattet, wovon der größte Teil aus der Zeit nach dem Erdbeben im Jahre 62 n. Chr. stammt. Am hinteren Ende des Peristyls befindet sich ein Alkoven mit Theatermasken und einem Portrait des griechischen Dramatikers Menander, mit dessen Namen das Haus heute bezeichnet wird (S. 110).

In einem anderen Alkoven des Peristyls befindet sich ein *lararium*, ein Altar mit Bildnissen der Vorfahren für die persönlichen Opfer der Familie, ein Gegenstück zu dem am Hauseingang üblichen *lararium* (S. 111). Hier ergab sich die bisher einzige Möglichkeit in Pompeji, durch Ausgießen der in der verfestigten Lava entstandenen Hohlräume mit Gips, Abgüsse von den ursprünglichen Wachsstatuen anzufertigen. An solchen Hausaltären opferten die Kinder des Adels ihre *bulla*, ein Goldamulett, das sie am Hals trugen und das ein Zeichen ihres sozialen Status war, und zwar zu dem Zeitpunkt, an dem sie offiziell in den Kreis der Erwachsenen aufgenommen wurden. (S. 111).

Der Silber- und Juwelenschatz

Der berühmte Silber- und Juwelenschatz aus dem Haus des Menander wurde in einer großen Truhe gefunden, die sich in einem unterirdischen Gang unter den Bädern befand. Es handelt sich dabei wahrscheinlich nur um ein zeitweise benutztes Versteck, wenn die Familie abwesend war oder Räume renoviert wurden; es wurde von den Dieben übersehen, die sich nach dem Vulkanausbruch gewaltsam Zugang verschafft hatten, in einem der Wohnräume aber durch giftige Gase starben. Ihre Körper wurden während der Ausgrabungen von 1930–31 entdeckt, zusammen mit den Überresten der Lampen und Pickel, mit denen sie sich einen Weg durch den Schutt bahnten.

Der Schatz, der jetzt im Archäologischen Nationalmuseum in Neapel ausgestellt ist, besteht aus einhundertachtzehn Silbergegenständen, dem kostbarsten Metall der Antike. Zu dieser außergewöhnlichen Kollektion gehören zwei Spiegel, Krüge, Amphoren, Becher, Bechergläser, Kelche, große und kleine Teller, Behälter, Servierplatten, Löffel, Töpfe, Eierbecher, Salzfässer, Kuchenformen. Diese Gegenstände sind alle verziert, die meisten griechischen Ursprungs (2. Jahrhundert v. Chr.); andere, bei denen es sich um Kopien originaler griechischer Vorbilder handelt, stammen aus der Zeit des Augustus oder kurz danach, wie zum Beispiel die *kantharoi* mit Olivenzweigen (S. 112). Es fand sich außerdem ein Juwelenkoffer, der drei Paar Ohrringe, Halsketten, große Haarnadeln, goldene Armbänder und Ringe mit Smaragden und gravierten Halbedelsteinen enthielt (S. 115, 116, 117).

Das Haus der Vettier

Im Vergleich zum Haus des Menander, das die Eleganz der Patrizier zeigt, offenbart das Haus der Vettier den üppigen Geschmack der Klasse der reichen Händler, die vom Beginn des Kaiserreiches an mit dem alten Adel im Wettstreit um wirtschaftliche und politische Machtpositionen lagen. Die Gebrüder Vettius, Conviva und Restitutus, die das Haus etwa in der Mitte des 1. Jahrhunderts

Seite 116:
Eine Reihe pompejanischer Ohrringe.
Die mit den goldenen Kugelelementen und Karneolen (Bildmitte) und diejenigen mit den Perlentrauben (unten rechts) stammen aus dem Haus des Menander.
Neapel, Archäologisches Nationalmuseum.

Seite 117:
Ein goldenes Halsband mit ungleichmäßigen Perlen und Juwelen. Aus einem Ort am Meer in der Nähe von Pompeji.
Neapel, Archäologisches Nationalmuseum.

Links:
Wandmalerei im Vierten Stil aus dem triclinium *im Haus der Vettier. Das Tafelbild vor dem roten Hintergrund zeigt Daedalus, der Pasiphae seine hölzerne Kuh schenkt. Aus Pompeji, Haus der Vettier. Neapel, Archäologisches Nationalmuseum.*

Rechts:
Einer der Nebenräume (alae) *im Haus der Vettier. An den Wänden befinden sich kleine rechteckige Malereien und Medaillons mit den Köpfen von Medusen, Satyrn und Widdern.*

v. Chr. erwarben, gehörten zur Klasse der Freigelassenen, die während der letzten Jahrzehnte von Pompeji bedeutende öffentliche Ämter erlangten. Nach dem Erdbeben im Jahre 62 n. Chr. wurde das Haus vollständig wiederaufgebaut, und außerordentlich luxuriöse Wanddekorationen wurden in Auftrag gegeben. Nach den ersten Ausgrabungen (1894) wurden alle Malereien durch ein Dach geschützt, das die Farben vor direkter Sonneneinstrahlung bewahrt. Das Peristyl mit seinen Becken, Springbrunnen, Hermen und kleinen Statuetten wurde restauriert; sogar die Blumenbeete wurden in Übereinstimmung mit dem ursprünglichen Plan wieder angelegt (S. 120–121).
Die Wandmalereien gehören zum Vierten Stil, der sich in der zweiten Hälfte des 1. Jahrhunderts v. Chr. in zwei unterschiedlichen Richtungen entwickelte. Im einen Fall wurden die Wände in der oberen Hälfte so bemalt, daß Vorhänge und Stoffe vorgetäuscht wurden, wie sie gewöhnlich an Türen und Gartenpavillons hingen. Diese Tafeln, die einfarbige Hintergründe (gewöhnlich rot) für geometrische Motive und kleine, in der Mitte angeordnete Rechtecke mit Landschaften oder kleinen geflügelten Wesen ergaben, lösten sich ab mit illusionistischen Szenen und Architekturelementen (S. 119). Im anderen Fall wurden die Wände durch besonders schmale architektonische Darstellungen aufgeteilt; dazwischen befinden sich Blätter, Blumen und kleine mythologische Gestalten, die in Gold auf einen schwarzen, roten oder tiefblauen Hintergrund aufgemalt sind. Danach wurden zwischen den mehr dekorativen Elementen lange Friese mit mythologischen Darstellungen oder Szenen aus dem täglichen Leben in prächtigen Farben eingefügt (S. 118).

Seiten 120/121:
Das Peristyl im Haus der Vettier. Im Garten befinden sich mehrere Skulpturen, zwei Wasserbecken und zwei kleine Brunnen. Die Wände sind mit Architekturmalereien, Gestalten und Stilleben bemalt.

Links oben:
Cupidos als Weinkellner, Detail.
Wandmalerei.
Dieser Ausschnitt aus dem Fries des Handwerks und Handels gehört zur prächtigen Ausstattung des Bankettsaals (oecus) *im Haus der Vettier. Andere Teile des Frieses zeigen Cupidos als Blumenverkäufer, Ölhändler, Goldschmiede, Bäcker und Walker.*
Pompeji, Haus der Vettier.

Putto mit einer Gans.
Bronze.
Eine der Statuetten, die im Peristyl im Haus der Vettier gefunden wurden.

Links unten:
Ein Opfer für Diana, Detail.
Der Ausschnitt einer Malerei im Vierten Stil ist Teil eines Frieses im Haus der Vettier und zeigt einige Personen, die an einem kleinen Altar Opfer darbringen.
Pompeji, Haus der Vettier.

Blumenstreuende Psychen, Detail.
Wandmalerei.
Oberhalb dieses Ausschnitts aus dem Fries des Handwerks und Handels ist eine phantastische Architekturmalerei im frühen Vierten Stil zu sehen.
Pompeji, Haus der Vettier.

Chimäre.
Detail eines Wandbildes.
Pompeji, Haus der Vettier.

Die vier Stile der Wandmalerei

Es wurden zwar Versuche unternommen, bei Portraits und Darstellungen menschlicher Figuren Unterscheidungen nach dem persönlichen Stil einiger Künstler zu treffen, bei den rein dekorativen Wandmalereien wurde es aber üblich, eine Unterscheidung nach vier Stilen anzuwenden, welche sehr genau die Entwicklung der verschiedenen Typen der Wanddekoration hervorhebt.

Der Erste Stil, die älteste Richtung der pompejanischen Wandmalerei, die uns erhalten ist, muß sich direkt aus hellenistischen Vorbildern entwickelt haben. Er wurde vom Beginn des 2. Jahrhunderts v. Chr. an bis zur römischen Besetzung 80 v. Chr. verwendet. Das war die Zeit, in der die Bürger von Pompeji, reichgeworden durch den Handel mit der hellenistisch-mediterranen Welt, begannen, deren Komfort und Luxus nachzuahmen. Die weißgetünchten Mauern der früheren Jahrhunderte wurden von in drei horizontale Zonen unterteilten, bemalten Wänden abgelöst. Dieses Unterteilungsschema blieb in den folgenden Stilen nahezu unverändert erhalten. Der untere Teil, die Mauerbasis (dado), wurde oft gelb bemalt und durch eine purpurfarbene Linie begrenzt. Darüber befanden sich

Apollo erschlägt die Pythonschlange.
Wandmalerei.
Eine der mythologischen Szenen, mit denen das große Gartenzimmer im Haus der Vettier ausgemalt ist. Darüber befindet sich eine phantastische Architekturmalerei mit Pflanzengirlanden, Kandelabern und schlanken Hermen vor einem schwarzen Hintergrund.
Pompeji, Haus der Vettier.

Lararium aus einem pompejanischen Haus. In der Mitte des oberen Bildteils bringt der Genius des Hauses eine Schale mit dem Trankopfer zum Altar, während an der Seite als Jugendliche dargestellte Laren Trinkhörner halten. Die beiden Schlangen im unteren Bildteil symbolisieren Schutzgottheiten, sie blicken zu einem kleinen Altar hin. Neapel, Archäologisches Nationalmuseum.

in Malerei oder Stuck Imitationen von Steinquadern und Marmortafeln in unterschiedlichen Farben – violett, gelb, rot und grün. Der oberste Streifen war grau oder weiß. Das ganze sollte die Marmorverkleidungen der öffentlichen Gebäude jener Zeit imitieren, ein Effekt, der durch das Aufbringen architektonischer Scheinelemente auf die schon bemalte Wand, wie Säulen, Gesimse und Konsolen aus Stuck, noch verstärkt wurde.
Während der römischen Republik (80–27 v. Chr.) wurden Stuckarbeiten, wahrscheinlich unter dem Einfluß der Hauptstadt, nur noch für Zimmerdecken und Gesimse verwendet. Stattdessen wurde der Effekt der Scheinarchitektur, mit ihren weiträumigen perspektivischen Ansichten und Blickwinkeln von unten und in der Diagonalen, nur durch die Mittel der Malerei erreicht, die durch lebhafte Farben wie Rot, Violett, Grün und Gelb belebt wurde. Das charakterisiert den Zweiten Stil, bei dem die architektonischen Elemente mit Fruchtgirlanden, Blumenvasen, Statuen, theatralischen Masken, Vögeln und menschlichen Gestalten geschmückt waren. Auch Stadtszenen und Landschaften wurden auf den Hintergrund aufgemalt, und während der ersten Zeit wurden die Bilder noch durch Holzläden geschützt. Diesem Stil können die Malereien in Boscoreale (S. 148–151) und zum großen Teil auch die in der Villa der Mysterien (S. 142, 143–147) zugeordnet werden. Tafelmalereien, die in der Mitte einfarbiger Wände angeordnet waren, wurden nur während des Dritten Stils zum wichtigsten dekorativen Element, der mehr oder weniger mit den ersten Jahren des Kaiserreiches zusammenfiel (27 v. Chr.–54 n. Chr.). Die Tafeln wurden in der Wandmitte angebracht, die Wand selbst war für gewöhnlich rot bemalt (die Basis oder dado war schwarz, der oberste Streifen weiß oder von heller Farbe). Jedes Bild war von einem gemalten Rahmen mit architektonischen Motiven umgeben, und die gesamte Wand war außerdem von Kandelabern und sehr schmalen, eleganten Girlanden und Blütenranken unterteilt. (S. 127).

Wandbemalung in einem Wohnraum (tablinum), *mit hübschen ornamentalen Motiven im Dritten Stil. Die Tafelmalerei zeigt Bacchus mit Ariadne auf seiner Kutsche, die von Stieren gezogen wird. Silen, ein Satyr und zwei Mänaden begleiten den Zug.*
Pompeji, Haus des Marcus Lucretius Fronto.

Links:
Elegante, viereckige, ausgekehlte Säulen im Peristyl des Hauses der Julia Felix.

Rechts:
Dreifuß mit jungen Faunen.
Bronze.
Drei schlanke ithyphallische Faune tragen eine Lebes, oder Becken, in Form eines Korbes. Dieser erstaunliche Dreifuß gehörte zu einer herrschaftlichen Wohnungseinrichtung und stammt aus der Anfangszeit des Kaiserreiches.
Aus einem Haus in Pompeji.
Neapel, Archäologisches Nationalmuseum.

Bodenmosaiken

Mit den verschiedenen Stilen der Wandmalerei wurden auch die Fußböden verändert, um mit den Formen und Farben der Wände zu harmonieren. Der verbreitetste Werkstoff für Fußböden in Pompeji war der sogenannte «*cocciopesto*», ein rötliches Gemisch aus Kalkstein und Scherben von Terracottaziegeln und Amphoren. Am Rand entlang wurden weiße, schwarze und farbige Steine eingelegt, um einfache geometrische Muster zu erhalten. Dieser Mosaiktyp wurde während der Jahre der Republik sehr beliebt. Während der gesamten Zeit des Zweiten Stils wurden die Mosaiken immer reicher ausgestaltet und zwar durch Einfügen einer Vielzahl von geometrischen Motiven in farbigen Steinen oder in schwarz und weiß. Zu den geometrischen Motiven gehörten Netzwerke von Kuben und Rhomben, die eine perspektivische Wirkung mit Windungen und Durchdringungen erzielten, Schachbrettmuster aus Quadraten und Dreiecken, ineinandergreifende Kreise, wellenförmige und achteckige Motive, Rosetten und Sterne.

Während des Dritten Stils wurden zwar weiterhin Schwarzweißmosaiken mit kurvenförmigen Motiven gelegt, am beliebtesten waren aber großformatige Figurenkompositionen. In den Jahren, bevor Pompeji römische Kolonie wurde, gab es zwar immer wieder kleine figürliche Darstellungen – die emblemata – die in der Mitte des Bodens eingelegt wurden, während die Wände noch ohne figürlichen Schmuck blieben, sie wurden aber durch die Beliebtheit der geometrischen Motive verdrängt. Während der letzten Jahre Pompejis wählte man schließlich vorwiegend mythologische Darstellungen, afrikanische und Nilszenen; die Fußböden wurden scheinbar von Tieren, Pflanzen, Fischen und Vögeln bevölkert, besonders in den luxuriösen Privatbädern. Zusätzlich zu den Mosaiken, die oft

Links:
Zwei Ansichten des Nymphäums im Haus des Octavius Quartio (fälschlicherweise auch Loreius Tiburtinus genannt). Der Garten wird von einem Kanal gekreuzt (euripus), den man, als Symbol der Nilüberschwemmungen, überlaufen lassen konnte.

Rechts:
Tanzende Mänade.
Wandmalerei.
Ausschnitt von einem im Dritten Stil bemalten Fries in einem Raum des Hauses der vier Stile.

durch die Verwendung von farbigem Glas belebt wurden – in rot, blau, grün, weiß und sogar gold (mit Goldplättchen unter der Glasoberfläche) – kamen auch Marmorintarsien zur Anwendung.

Der pompejanische Garten

Die Kunst der Gartengestaltung, von der die Aristokraten und Intellektuellen jener Epoche sehr beeindruckt waren, gehört zu den kulturellen Errungenschaften, die während der frühen Jahre der Kaiserzeit von den hellenistischen Städten übernommen wurden. Der Garten wurde als geheiligter Ort betrachtet, der Meditationen über die Mysterien der Natur hervorrief und Weihegeschenke an die Schutzgottheiten erforderte, an Venus – die Göttin der Fruchtbarkeit und der Wiedergeburt des Frühlings – und an Dionysos-Bacchus, zu dessen Ehren in Griechenland esoterische Riten vollzogen wurden. Diese mystische Konzeption bewahrte den römischen und auch den pompejanischen Garten nicht davor, in Wirklichkeit als idealer Platz für den Empfang von Freunden, das Abhalten von Banketten und für Liebesspiele verwendet zu werden.
Ursprünglich hatte in Pompeji beinahe jedes Haus eines besser gestellten Bürgers einen Bereich, in dem das für den Haushalt benötigte Obst und Gemüse gezogen wurde. Zur Zeit des Augustus wurden viele von ihnen in gestaltete Gärten umgewandelt, denn nur noch in den Häusern in weniger dicht besiedelten Gebieten um das Amphitheater herum konnte man sich den Luxus eines großen Küchengartens erlauben. Als Alternative wurden in größeren Peristylen auch kleine Bäume und Sträucher gepflanzt, wie man es im Haus der Vettier (S. 120–121) und im Haus des goldenen Cupido sehen kann.

Trankopfer-Becken.
Bronze; Höhe 12 cm, Durchmesser 39 cm.
Derartige Becken wurden in der Antike für rituelle Waschungen oder als Siegespreise für Athleten verwendet.

Schale aus rotem Ton.
Terra sigillata, die Verzierungen sind eingestempelt.
Aus Pompeji.
Neapel, Archäologisches Nationalmuseum.

Drei Krüge und ein Pokal.
Blaues Glas aus Pozzuoli.
Derartige Gegenstände wurden in ähnlicher Form sehr oft auch aus Silber oder Bronze hergestellt.
Aus einem Haus in Pompeji.
Neapel, Archäologisches Nationalmuseum.

Ein sorgfältiges Studium der Malereien jener Zeit läßt erkennen, daß Blumen äußerst selten waren, beschränkt ausschließlich auf wilde Rosen und Veilchen, dagegen waren Polster mit Immergrün, aromatische Pflanzen wie Salbei, Myrrhe, Rosmarin und Lorbeer üblich, außerdem noch Obstbäume wie Oliven, Zitronen, Kirschen – letztere wurden erstmals von Lucullus etwa um 70 v. Chr. aus dem Nahen Osten importiert. Weinreben wurden nicht nur wegen der Trauben und des Weins, sondern auch wegen der schattigen Lauben kultiviert. Mit anderen Worten, die Auswahl wurde unter denjenigen Pflanzen getroffen, die in der Gegend wild wuchsen und längere Trockenzeiten ohne notwendigen Aufwand zu ihrer Erhaltung überstehen konnten.

Wasser und Brunnen

Die Gärten wurden oft durch zusätzliche Einrichtungen verschönert, die von der geheiligt-idyllischen Konzeption der Natur inspiriert waren und diese Mittelpunkte des häuslichen Lebens noch erfreulicher gestalteten. Wasser wurde als Quelle des Lebens betrachtet, und für seine Aufbewahrung waren mit Marmor ausgekleidete Becken in den Boden eingelassen; sie wurden außerdem mit Säulen und Brunnen verschiedener Art geschmückt, worauf Marmor- oder Bronzestatuen standen, aus denen das Wasser sprudelte. Es gab außerdem eine bestimmte Art eines langen, schmalen Kanals – den *euripus* – mit kleinen Marmorbrücken darüber und von kleinen Wasserfällen unterbrochen, der phantasievoll den Lauf des Nils darstellen sollte und gleichzeitig für die Bewässerung notwendig war (S. 130). Die Grotte – das *nymphaeum* – war eine Art kleiner, überwölbter Tempel, mit Mosaiken überzogen und einem kleinen, muschelför-

Nymphäum.
Der mit Mosaiken und Muscheln verzierte Brunnen befindet sich im Garten im Haus des großen Brunnens. In der Mitte der halbrunden Nische im hinteren Teil des Brunnens ist im Mosaik der Kopf des Oceanus dargestellt, direkt über der Auslaßöffnung für das Wasser. An der Vorderseite der Nische befinden sich an beiden Seiten Masken aus Marmor; in der Brunnenmitte steht die Statuette eines Jungen mit einem Delphin (es handelt sich um einen Abguß vom Original).
Pompeji, Haus des großen Brunnens.

migen Teich mit einem Netzwerk von Wasseradern. Zum Garten gehörte außerdem ein Speiseraum für den Sommer – das *triclinium* –, der nur aus schlank geformten Säulen bestand, zwischen denen Vorhänge oder Tücher hingen.
Eine typisch pompejanische Errungenschaft scheint der Brunnen in Form einer architektonischen Nische gewesen zu sein (S. 134, 135), eine Art verkleinertes Nymphaeum, bei dem das Wasser auf einer Miniaturkaskade von Stufe zu Stufe hinunterplätscherte. Diese kleinen Bauwerke befanden sich am äußersten Ende des Gartens und waren mit Mosaiken aus unregelmäßig geformten Steinchen aus blaugrüner Glaspaste überzogen, die das Licht auf Reihen echter Muscheln reflektierten, die rund um das Mosaik eingemauert waren. In derselben Mauer

Nymphäum.
Vier Marmorstufen aus cipollino *bildeten den Wasserfall. Das Wasser floß von einem marmornen Silen in das viereckige Becken dieses Brunnens, der der älteste mit Mosaiken versehene Brunnen in Pompeji zu sein scheint.*
Pompeji, Haus des kleinen Brunnens.

Oben:
Die Zauberin und der Wanderer.
Wandmalerei; 38 × 45 cm.
Wegen der Ausuferung des Aberglaubens, der Magie und des Okkultismus in Pompeji unternahm der Römische Senat Schritte gegen Zauberer, Wahrsager und Astrologen, die als eine Bedrohung für den Staat betrachtet wurden.
Aus Pompeji, Haus der Dioscuren.
Neapel, Archäologisches Nationalmuseum.

Links:
Medea plant den Tod ihrer Kinder.
Wandmalerei, auf eine Tafel übertragen; 135 × 107 cm.
Aus Pompeji, Haus der Dioscuren.
Neapel, Archäologisches Nationalmuseum.

befinden sich oft auch kleine Imitationen von Meeresgrotten und Nischen mit Statuen der Isis oder der Venus, die den Riten der Familie dienten. Andere Statuen oder Malereien, die den Garten schmückten, stellten Gottheiten der Fruchtbarkeit oder Beschützer vor dem bösen Blick dar oder spielten auf diese an. Unter den schönsten Gärten in Pompeji muß ganz sicher der im Haus des Octavius Quartio (S. 130) genannt werden, der eine Fläche von etwa zweitausend Quadratmetern bedeckte, sowie der im Haus der Julia Felix (S. 128). Beide befinden sich in der Umgebung des Amphitheaters nahe beim Sarno-Tor. Das Haus der Julia Felix hatte solche Ausmaße, daß es in der wirtschaftlichen Krise nach dem Erdbeben im Jahre 62 n. Chr. leicht in zwei Teile getrennt werden konnte. Einen Teil bewohnte die Familie, der andere wurde zu ebener Erde in Läden und im ersten Stock in Wohnungen aufgeteilt. Ein Schild, das man am Tor fand, wies darauf hin, daß auch das Bad an «ehrbare Leute» zu vermieten sei. Dieses bestand aus vier Räumen mit Kalt- und Warmwasserbädern, einem Warteraum, einem Freiluft-Schwimmbad und einem geräumigen Teil des Gartens. Nebenan brachten amerikanische Archäologen (1966–70) nach und nach einen großen Weingarten ans Tageslicht, mit Verkaufstheken und zwei Speiseräumen für den Sommer, die, wie die Wohnungen im Haus der Julia Felix, wahrscheinlich für auswärtige Besucher des Amphitheaters vorgesehen waren.

Atys und die Nymphe.
Wandmalerei.
Die Darstellung bezieht sich auf den Mythos des Schafhirten Atys, der mit Wahnsinn geschlagen wurde, weil er seine Geliebte, die Göttin Kybele, mit einer Nymphe betrogen hatte. Die Personen sind wie für eine Theateraufführung angeordnet, das Geschehen läuft vor einer scenae frons *ab. Atys steht in einem Hauseingang und blickt auf die halbnackte Nymphe herab, zwischen ihnen befindet sich ein kleiner Eros.*
Pompeji, Haus des Pinarius Cerealis.

Das Haus der goldenen Cupidos

Das sogenannte Haus der goldenen Cupidos ist nach den Goldscheiben mit Cupidodarstellungen benannt, die das Schlafzimmer der Eigentümer schmückten und durch einen transparenten Glasüberzug geschützt waren. Die Besitzer waren wahrscheinlich Mitglieder der Familie der Poppaeii, der auch das Haus des Menander gehörte. Sie hatten ihr Haus mit Fresken und Mosaiken ausgestattet, die den unaufdringlichen und eleganten Geschmack des alten römischen Adels widerspiegeln. Die Ausstattung des Peristyls war äußerst aufwendig. Es wurde als Garten gestaltet und hatte ein großes Becken, das von Statuetten von Hermen, Tieren und Götterhäuptern auf Säulen umgeben war. Tragische Masken waren zwischen den Säulen des Portikus aufgehängt, und ein Schild, der sich im Wind bewegte, um den bösen Blick abzuwenden, war über dem Durchgang zu den anderen Räumlichkeiten des Hauses befestigt. An den Wänden des Portikus befanden sich zwei Spiegel aus vulkanischem Glas (Obsidian) und eine Reihe marmorner Flachreliefs, die Gottheiten oder Theatermasken darstellten.

Die Villen außerhalb der Stadtmauern

Vom Beginn der hellenistischen Zeit an hatten die großen Landbesitzer von Pompeji an den Hängen des Vesuvs und in der die Stadt umgebenden Landschaft zahlreiche Villen gebaut. In Übereinstimmung mit einem Brauch, der in späteren Zeiten mit den venezianischen Villen des Palladio, den Landhäusern der engli-

Eine vom Garten inspirierte Wandmalerei in einer Halle der «Casa di Fiori». Die obere Tafel zeigt den ägyptischen Gott Apis, in Gestalt des heiligen Memphisstiers; auf der unteren Tafel entdeckt Dionysos eine ruhende Nymphe.

Herme mit dem Kopf des Faunus.
Mehrfarbiger Marmor und Bronze;
Höhe 103 cm.
Einer der ältesten und beliebtesten römischen Götter war Faunus, der Schutzgott der Felder und Herden. Dieser Typ von rechteckiger Säule, mit männlichen Attributen versehen und einem Menschenkopf obenauf, durch den hier Faunus dargestellt ist, war ursprünglich dem Gott Hermes geweiht (der ebenfalls für die Fruchtbarkeit der Herden zuständig war). Diese Säulen wurden daher Hermen genannt. Sie wurden häufig in Gärten und an Straßenkreuzungen aufgestellt, um böse Geister abzuwehren.
Aus Pompeji.
Neapel, Archäologisches Nationalmuseum.

Wasserspendender Putto
Marmor.
Statuette im Gartenbereich des Peristyls im Hause der Vettier. Der Knabe schüttet Wasser aus einer Ziegenhaut aus.
Pompeji, Haus der Vettier.

schen Aristokraten und den Häusern der Plantagenbesitzer in den Südstaaten der USA fortgeführt wurde, waren auch die pompejanischen Villen Wohnhäuser für die Familien mit Wirtschaftsgebäuden für die zugehörige Landwirtschaft. Die Besitzer suchten sie während der Sommermonate auf und außerdem noch in regelmäßigen Abständen, um das Einbringen der Ernte zu überwachen.
Die Architektur dieser Häuser entsprach ihrer Doppelfunktion: Sie waren wesentlich größer als die Häuser in der Stadt; in ihren zahlreichen Räumen konnten sehr viele Diener und Landarbeiter untergebracht werden; es gab auch riesige Keller, um die Ernte zu lagern und die landwirtschaftlichen Geräte aufzubewahren. Die Wohnräume der Besitzer waren auf Terrassen mit Säulen und Balkonen erbaut, die den Konturen der Landschaft folgten und herrliche Ausblicke auf das Meer und den Vesuv eröffneten.

Links:
Wandmalerei im Zweiten Stil in einem Schlafzimmer (cubiculum) *in der Villa der Mysterien. Es ist ein perspektivischer Blick in eine Architekturlandschaft dargestellt, der beim Betrachter den Eindruck von räumlicher Tiefe bewirkt. Pompeji, Villa der Mysterien.*

Rechts:
Tanzender Satyr. Wandmalerei. Detail aus einem kleinen Zimmer. Die Gestalt mit dem schadenfrohen Grinsen hat ein Bein und die Arme zu einem spöttischen Tanz erhoben und schaut einen betrunkenen Silen und eine Muse oder Priesterin auf der gegenüberliegenden Wand an. Diese Malereien sind so etwas wie eine Art Einführung in den «Raum der Mysterien». Pompeji, Villa der Mysterien.

Die Villa der Mysterien

Die Villa der Mysterien wurde in der ersten Hälfte des 2. Jahrhunderts v. Chr. erbaut und in der Folge ständig erweitert und umgebaut; während des Vulkanausbruchs arbeitete man gerade an den Unterkünften für die Dienerschaft. Die Besitzer gehörten wahrscheinlich zur Familie der Istacidii, einem alten pompejanischen Adelsgeschlecht. Sie nutzten ihr Land fast ausschließlich für den Weinbau. Das zweistöckige Haus besaß ein riesiges Peristyl, das direkt mit dem Eingang verbunden war, und von dem aus man im zweiten Stock in die Räume der Diener, in die Küchen, Vorratsräume, Waschräume und ein Bad gelangte. Als man mit den Ausgrabungen begann, fand man den Boden eines der Vorratsräume mit Zwiebeln bedeckt. Die beiden interessantesten Räume sind die, in denen die Weinpressen standen: Die Beeren, die man zuerst mit den Füßen zerstampfte, wurden anschließend in geflochtenen Körben mit Hilfe langer Stangen ausgepreßt; der Most wurde in einem Behälter aufgefangen und floß von da aus durch einen Kanal in eine Zisterne. Die Wohn- und Schlafräume der Besitzer befanden sich auf der Rückseite der Villa und öffneten sich direkt auf die Terrassen und Portiken, die das Haus an drei Seiten umgaben.
Alle Räume des Wohnflügels der Familie sind mit Mosaikfußböden und Wandmalereien ausgestattet, aber auch die Räume, die später Dienern überlassen wur-

Seite 144:
Die dionysischen Mysterien. Gesamtansicht des «Raumes der Mysterien», mit den Wandmalereien, welche die Zeremonien darstellen, die mit dem Mythos des Dionysos-Bacchus in Verbindung gebracht werden. Dionysos, Gott der Fruchtbarkeit, besonders der Reben und des Weins, ist in der Mitte der Rückwand dargestellt. Sein Kult ist griechischen Ursprungs und ging bei den Römern im Kult des Bacchus auf.

Seiten 144/145:
Die dionysischen Mysterien, Detail. Auf der letzten Tafel der rechten Wand stellen vier Frauen die Geburt des Gottes dar. Die knieende Frau, links, stützt sich auf die Knie einer Priesterin und scheint in den Geburtswehen zu liegen, die tanzende Frau, rechts, stellt den Triumph dar. Im Hintergrund ist eine Mänade mit einem Thyrsos zu sehen.

den, weisen wertvolle Ausschmückungen auf. Die Malereien in beiden Teilen des Hauses lassen sich dem Zweiten Stil mit seinen illusionistischen architektonischen Formen in lebendigen Farben (S. 142) und dem Dritten Stil mit seinen dionysischen Szenen und Nillandschaften zuordnen. Tatsächlich scheint ein großer Teil der Fresken dem Dionysos gewidmet zu sein, um den guten Einfluß des Gottes auf die Ernte zu fördern, die ja die Grundlage für den Reichtum der Eigentümer war. Ganz besonders wurde der Gott im «Raum der Mysterien» glorifiziert, nach dem das Haus benannt ist.

Die dionysischen Mysterien

Die Halle mit den Malereien, die die sogenannten *Mysterien* darstellen (oben), war der beeindruckendste Raum der ganzen Villa und wurde wahrscheinlich als Speise- und Empfangsraum verwendet. Die Wände sind vollständig in einem *megalographischen* Maßstab ausgemalt – vom griechischen Wort für «große Schrift» hergeleitet –, womit gesagt werden soll, daß die Gestalten beinahe Lebensgröße aufweisen. In einer ununterbrochenen Reihenfolge (dem widerspricht die Aufteilung in harmonische Gruppen nicht) sind einige okkulte Mythen dargestellt. Die Malereien entstanden um 60 v. Chr., ganz ohne Zweifel nach hellenistischen Vorbildern, die sicher weit verbreitet waren (S. 144–147).

Links:
Die dionysischen Mysterien, Detail. Der junge Dionysos steht an der Seite seiner Mutter Semele; rechts steht eine Frau (der Frühling?), die eine Schale mit geweihtem Gebäck hält.

Der Sinn des Dargestellten wurde nie vollständig aufgeklärt. Die dargestellten Szenen beziehen sich zweifellos auf die Mythen des Dionysos-Bacchus. Es ist aber sehr zu bezweifeln, daß sie die esoterischen Riten des antiken griechischen Dionysoskults widergeben, was die ersten Ausgräber fälschlicherweise glaubten, denn diese wurden nur an geheiligten Orten abgehalten, zu denen ausschließlich Eingeweihte Zutritt hatten. Einer vorsichtigeren Interpretation zufolge könnten es Darstellungen einer Satire, in der Episoden aus der dionysischen Legende erzählt werden, mit unmaskierten Schauspielern sein. So gesehen beginnt die Reihe mit dem Unterricht für den jungen Gott, der neben seiner Mutter Semele steht, während eine schwangere Frau (möglicherweise der Frühling) ungesäuerte, der Ceres geweihte Kuchen, herbeibringt (oben). In der folgenden Szene sehen wir die übrigen Jahreszeiten und den alten Silen, den Gefährten des Dionysos, der die Leier spielt (oben Mitte).

Oben:
Die dionysischen Mysterien, Detail.
Die Jahreszeiten Sommer, Herbst und Winter in Gesellschaft des alten Silenus, der auf der Lyra spielt.

Oben rechts:
Die dionysischen Mysterien, Detail.
Ein junger Satyr, der auf einer Syrinx spielt, schaut einem weiblichen Satyr zu, der eine Ziege säugt. Die erschreckte Frau an ihrer Seite ist die Windnymphe Aula, die in Richtung des Dionysos auf der nächsten Wand blickt.

In der nächsten pastoralen Szene ist ein Satyr aus dem Gefolge des Dionysos dargestellt, der auf einer Panflöte spielt und einem Gefährten zusieht, der eine Ziege füttert. Die erschrockene Frau im Vordergrund rechts ist Aura, eine Nymphe des Windes, die arglos ein Kind von Dionysos empfangen hatte (oben). Zur Gruppe am Ende der Wand gehören Silen, der einigen Satyrn zu trinken gibt, der betrunkene Dionysos, auf dem Schoß seiner Frau Ariadne hingestreckt, und die Enthüllung eines riesigen Phallus, der Nemesis, die Göttin der Vergeltung, abschrecken soll, die als geflügelte Frau dargestellt ist. Die Reihe wird fortgesetzt mit einer Frauengruppe, die die Geburt des Gottes darstellt, ausgedrückt durch die halbnackte knieende Gestalt in Geburtswehen, und mit einem ungehemmten Tänzer, der den Triumph offenbart (S. 144–145). Die vorletzte Szene ist der Aphrodite gewidmet, der Göttin der Liebe, die ihr Haar vor einem Spiegel kämmt, den ihr ein Erote hält. Zuletzt sieht man die vor Eifersucht kochende Hera, die in einigem Abstand bleibt, denn Dionysos ist das Ergebnis einer Liaison ihres Gemahles Zeus mit Semele.

Die Villen von Boscoreale

Die etwa vierzig Villen, die bisher in der Umgebung von Pompeji ausgegraben wurden, entsprechen alle der Villa der Mysterien und zwar insofern, als sie von ihren Besitzern nur während der Sommermonate bewohnt wurden, um die landwirtschaftlichen Arbeiten zu beaufsichtigen. Einige wenige waren von ihren

Eigentümern jedoch auch ganzjährig bewohnt. Diese widmeten sich dem Anbau von Getreide, Hülsenfrüchten und Wein und erzeugten auch Öl. Einige der Landhäuser, wie zum Beispiel das Haus des Diomedes, wurden in der unmittelbaren Umgebung der Stadt entdeckt; andere fand man an Orten wie Boscotrecase und Boscoreale an den Hängen des Vesuv.
Die älteste der Villen von Boscoreale läßt sich auf das 3. Jahrhundert v. Chr. datieren, sie liegt inmitten einer besonders fruchtbaren Gegend. Der Reichtum der Landbesitzer muß enorm gewesen sein, wie sich aus der Qualität der Wandmalereien, den Einrichtungsgegenständen und den Silbergeräten schließen läßt. Diese Villen wurden gegen Ende des 18. Jahrhunderts entdeckt und des öfteren Objekte von Raubgräbereien; zum Glück befinden sich die darin entdeckten Malereien und Schätze nun, nachdem sie durch die Hände verschiedener privater Sammler gegangen sind, im Besitz der Allgemeinheit in einigen der bedeutendsten Museen der Welt.
In der Villa des Publius Fannius Synistor wurden die hervorragenden Wandmalereien des Zweiten Stils gefunden, mit ihren Architekturphantasien, die zusätzlich mit Theatermasken, Vasen und Blumengirlanden ausgestattet waren und sich zu wunderbaren Landschaften hin öffnen, in denen die Umgebung des Hauses in einer idealisierten und illusionistischen Weise dargestellt ist (S. 148–151). In einem Nebenraum befindet sich eine *Megalographie*, die stilistisch den Fresken der *Mysterien* sehr ähnlich ist. Sie stellt wahrscheinlich eine sehr komplizierte Allegorie der Geschichte Alexanders des Großen und seines Vaters, Philipp II. am mazedonischen Hof dar (S. 152). Die sogenannte Villa bei der Pisanella, die in ihrem architektonischen Aufbau fast vollständig erhalten ist, ist dagegen in Bezug auf ihre Wirtschaftsgebäude besonders interessant. Der Flügel für die Familie besteht nur aus Schlafräumen, einem Speiseraum, einem Bad und drei kleinen Zimmern neben der Küche. Wie in der Villa der Mysterien befinden sich in diesem Haus Räume für die Weinpressen, ein Raum für das Olivenpressen, eine vollständige Bäckerei mit Mahlsteinen für das Getreide und natürlich die übliche Reihe der Vorratsräume. Ein Stall und ein Heuboden für die Arbeitstiere waren ebenfalls vorhanden. Man fand achtundvierzig riesige, bis zum Hals von der Asche begrabene Amphoren, die in der Mehrzahl Wein enthielten (mehr als fündundsiebzigtausend Liter); die übrigen enthielten Öl und Getreide.
Die Räume der Eigentümer waren allerdings mit besonders schönen Wandmalereien im Dritten und Vierten Stil versehen; diese befinden sich, sorgfältig restauriert, im Paul-Getty-Museum in Malibu, Kalifornien. Die bedeutendste Entdekkung ist aber der Schatz, der in einem unterirdischen Raum der Villa gefunden wurde. Er bestand aus einem vollständigem Tafelservice aus schwerem Silber: Einhundertacht Teile, die, wie die Kollektion im Haus des Menander, am Tisch ihres Besitzers keinen Wunsch offen ließen. Die Geräte waren hellenistischen und römischen Ursprungs und in derselben Weise verziert wie ihre Gegenstücke aus dem Haus des Menander. Sie müssen während vieler Generationen komplettiert worden sein und waren ein wichtiges Zeichen für den Erfolg der Familie. In der Neuzeit kamen sie in den Besitz der Rothschilds, die dem Louvre einhundertzwei Teile stifteten, wo sie heute zu sehen sind.

Seiten 148/149, 150/151:
Ein Raum in der Villa des Publius Fannius Sinistor, einer der Villen von Boscoreale. Die Wände sind mit Architekturphantasien im Zweiten Stil (1. Jahrhundert v. Chr.) vollständig bemalt. Die räumliche Tiefe wird durch die Zusammenstellung von Farben und Konturen erreicht.

Der Bildausschnitt aus demselben Raum (Seiten 150/151) suggeriert Perspektive durch die Anordnung von Gebäudeteilen und weiten Blicken in die Landschaft.
Aus Boscoreale, Villa des Publius Fannius Sinistor.
New York, Metropolitan Museum of Art.

Zusammen mit dem Silbergerät wurden auch verschiedene Münzen in einem Gesamtwert von einhunderttausend Sesterzen gefunden, eine ungeheure Summe, wenn man bedenkt, daß der übliche Geldbesitz einer reichen pompejanischen Familie bei eintausend bis dreitausend Sesterzen lag. Man hat ausgerechnet, daß diese Summe aber nur zwei Drittel des jährlichen Einkommens aus dem Weinbau ausmacht, das mit einem Hof in der Größe der Villa bei der Pisanella erzielt werden konnte, wo aber zusätzlich auch noch andere Feldfrüchte gezogen wurden.

Baumaterial

Die Pompejaner verwendeten eine Vielzahl von Baumaterialien aus dem Gebiet des Vesuvs. An Steinen gab es in der nächsten Umgebung der Stadt allerdings nur Lavagestein, das beim Bau der Häuser und öffentlichen Gebäude technische Schwierigkeiten bereitete. Lava von der Oberfläche ist leicht und porös, während Steine aus größerer Tiefe wiederum zu hart sind und sich nur als Straßenpflaster oder Kilometersteine eigneten.
Das verbreitetste Baumaterial war der sogenannte «Sarnus-Kalkstein», eine Art Travertin, der von den Ablagerungen des nahen Flusses Sarno gebildet wurde; dieser ist relativ hart, kann aber leicht bearbeitet werden, da er erst an der Luft aushärtet. Bis ins 2. Jahrhundert v. Chr. wurden alle tragenden Elemente der öffentlichen Gebäude aus diesem Stein geschnitten. Der weichere Stein, den man für maßgenaue Elemente und Skulpturen benötigte, war Tuff. Er wurde für Säulen, Kapitelle und alle zu bearbeitenden Bauteile verwendet. Zu den zahlreichen Arten dieses Gesteins, das in ganz Kampanien zu finden ist, gehören der gelbe Tuff von den Phelegräischen Feldern sowie der graue aus der Umgebung von Nuceria, nicht weit von Pompeji.
In den Jahren, die der Besitznahme durch Rom vorausgingen, wurde der graue Tuff auch für dekorative Elemente verwendet. Die wichtigsten öffentlichen Gebäude wurden mit großen, rechteckigen Tuffplatten verkleidet, wodurch man einen einfachen und gut aussehenden Kontrast zu den architektonischen Elementen erhielt, wie zum Beispiel den Säulen, die mit weißem oder farbigem Stuck überzogen waren.
Zu jener Zeit wurde auch der Zement gebräuchlich; das war nun eine Technik, die die Bauweise im gesamten Mittelmeerraum revolutionierte. Anstatt die Mauern aus großen Steinblöcken mit Mörtellagen dazwischen aufzubauen – eine verschwenderische und durch die Zahl der vielen notwendigen Arbeitskräfte auch teure Methode – verwendete man hierfür nun ein Gemisch aus Mörtel und kleinem Tuffstein.
Der Zement wurde in mehreren Schichten in Metall- oder Holzformen gegossen, die Lage und Ausmaße des Mauerwerks bestimmten; nachdem er trocken war, konnten die Formen entfernt werden. Anfangs wurde die dabei entstandene rauhe Wand mit grauen Tuffplatten verkleidet, später ging man dazu über, die Tuffsteine so zu bearbeiten und anzuordnen, daß sie an der Oberfläche in regelmäßigen Mustern erschienen, für gewöhnlich in Form von Quadraten und Rauten. Durch die verschiedenen Farben der Steinchen, auch wenn sie ganz wahllos untergemischt wurden, entstanden sehr hübsche Farbeffekte.
Da in der Gegend ein gewisser Lehmmangel herrschte, entstanden in Pompeji nur mittelmäßige Mauer- und Dachziegel, trotz der vielen Brennöfen, die es in der Stadt und der Umgebung dafür gab. Bestand ein Kunde auf besserer Qualität, dann wurden aus Pozzuoli dreieckige, besonders glatte Ziegel aus rotem vulkanischem Sand importiert. Dachziegel waren zwar gebräuchlich, Mauerziegel hingegen wurden fast ausschließlich für dekorative Effekte verwendet, um bestimmte Gebäudeteile, wie zum Beispiel Bögen, hervorzuheben. Für weniger wichtige

Fries der mazedonischen Geschichte, Detail. Wandmalerei.
Die Malerei ist dem Zweiten Stil zuzuordnen, sie entstand 40–30 v. Chr., und ähnelt im Aufbau dem Fries mit den dionysischen Mysterien in der Villa der Mysterien. Das Thema der Malereien bezieht sich auf Alexander den Großen und seinen Vater Philipp II. am mazedonischen Hof. Was in diesem Ausschnitt dargestellt ist, ist ungewiß. Möglicherweise sind Antigonos II., König von Mazedonien, und seine Mutter Phila abgebildet.
Aus Boscoreale, Villa des Publius Fannius Sinistor.
Neapel, Archäologisches Nationalmuseum.

öffentliche Gebäude wurden sie auch für die Verkleidung verwendet und zwar in geraden Reihen, abwechselnd mit Platten aus grauem Tuff. Erst zu Beginn des Kaiserreichs wurde es im Römischen Reich und damit auch in Pompeji üblich, Mauern ganz aus Ziegeln zu erbauen; da war es nämlich notwendig geworden, von den hohen Kosten für die Verkleidungen aus Travertin oder dem aus Griechenland importierten weißen Marmor, herunterzukommen.
Der soziale Status des Architekten, wie der der Maler in der Antike auch, wurde nicht höher angesetzt als der von gewöhnlichen Handwerkern; sie waren schlicht gesagt nur Sklaven oder Freigelassene. Von ihnen wurde nur soviel technische Kompetenz erwartet wie notwendig war, um ein Projekt erfolgreich durchzuführen, dessen Plan für gewöhnlich vom Herrn des Architekten stammte. Zur Werkstatt gehörten ein «Meister» und einige Hilfskräfte unter der Leitung eines erfahreneren Arbeiters; es handelte sich, mit anderen Worten, um kleine Firmen, die Auftragsarbeiten erledigten. Privatbauten in der Stadt unterstanden zwei hohen Beamten, den Aedilen, die dafür verantwortlich waren, daß der Qualitätsstandard eingehalten wurde, und die die Genehmigung zur Inanspruchnahme öffentlicher Dienste, wie zum Beispiel die Wasserversorgung, erteilten. Für öffentliche Gebäude war der Magistrat zuständig, der den Bauauftrag vergab und die notwendigen Gelder bereitstellte.

HERCULANEUM

Spielvogel und Früchte.
Wandmalerei.
Mit drei weiteren Tafeln gleicher Thematik bildete dieses Stilleben einen Fries in einem Haus in Herculaneum.
Neapel, Archäologisches Nationalmuseum.

Glaskrug und Pfirsiche.
Wandmalerei.
Es handelt sich hier um einen Ausschnitt aus einer Wandmalerei im Vierten Stil, die sich in einem Haus in Herculaneum befand.
Neapel, Archäologisches Nationalmuseum.

Links:
Der Tragödienschauspieler, Detail.
Wandmalerei; auf eine Holztafel übertragen.
Diese Malerei ist wahrscheinlich eine Kopie eines hellenistischen Vorbildes. Dargestellt ist ein Tragödienschauspieler nach der Aufführung. Er hat seine Maske abgelegt und blickt in Richtung einer Frau – eine seiner Bewunderinnen oder eine Muse – die eine Weihinschrift entwirft. Im Hintergrund hinter der Maske zieht ein weiterer Schauspieler sein Kostüm aus.
Aus Herculaneum.
Neapel, Archäologisches Nationalmuseum.

Seiten 156/157:
Triclinium im Haus des Neptun und der Salacia. Es handelt sich um einen kleinen Hof, der aus einem triclinium *(Speiseraum) und einem angebauten Nymphäum besteht. Dieses ist mit Mosaiken geschmückt, in denen Hunde dargestellt sind, die Hirsche jagen. Darüber befindet sich eine Maske. Das große, mit Muscheln verzierte Mosaik an der Wand des* triclinium*s, rechts, stellt Neptun und Salacia dar, nach denen das Haus benannt wurde.*
Herculaneum, Haus des Neptun und der Salacia.

Herculaneum

Herculaneum lag auf einem der entferntesten Ausläufer des Vesuvs, der vor dem Vulkanausbruch des Jahres 79 n. Chr. ein kleines Vorgebirge über dem Meer war. Wegen seiner geographischen Lage scheint Herculaneum in der vorrömischen Zeit eine befestigte Stadt gewesen zu sein, die die Küstenstraße von Neapel nach Süditalien kontrollierte. Wie Pompeji war auch Herculaneum ursprünglich von Oskanern bewohnt, geriet dann unter etruskische Vorherrschaft (600–525 v. Chr.), war dann samnitisch, kämpfte im Krieg auf der Seite der Italischen Liga gegen Rom und wurde schließlich 89 v. Chr. römisches *municipium*. Während der römischen Zeit war Herculaneum ein kleines, selbstgenügsames Nest, in dem der Handel keine große Rolle spielte, und an dem der Seehandel weitgehend vorbeiging. Seine Wirtschaft beruhte hauptsächlich auf dem Fischfang und dem Ackerbau. Wegen seiner natürlichen Schönheit, mit dem prächtigen Blick über die Bucht von Neapel, und seiner reinen Luft – die von vielen antiken Schriftstellern gepriesen wurde – wurde Herculaneum gerne als Sommerfrische gewählt und viele reiche Römer bauten dort ihre Villen.
Im Jahre 79 n. Chr. besaß Herculaneum nur ein Fünftel der Größe von Pompeji. Die Stadt, die nach dem Erdbeben im Jahre 62 n. Chr. nur teilweise wiederaufgebaut wurde, war durch drei parallele Hauptstraßen in langgezogene, rechteckige Flächen unterteilt. Das Forum – weniger monumental als das von Pompeji – war eher eine verbreiterte Straße, von einem Portico begrenzt, und auch die Thermen und anderen öffentlichen Gebäude waren vergleichsweise klein.
Der Charakter von Herculaneum als Sommerfrische wird durch eine luxuriöse Palästra mit großem kreuzförmigem Schwimmbad an der östlichen Stadtgrenze unterstrichen; außerdem durch ein Theater aus der römischen Zeit, das eine vielfarbige Marmorverkleidung aufweist, und in dem zahllose Marmor- und

Oben:
Szene aus einer Komödie. Wandmalerei.
In einer der in römischen Komödien häufig vorkommenden Szenen hören zwei Frauen in erzwungener Aufmerksamkeit dem Geschwätz eines Sklaven zu. Die Unbeweglichkeit der Frauengruppe steht in scharfem Kontrast zur Lebhaftigkeit des Mannes.
Aus Herculaneum.
Neapel, Archäologisches Nationalmuseum.

Links:
Darstellung in Form eines Bühnenbildes. Wandmalerei.
Ausschnitt einer reich ausgestatteten Wandmalerei im Vierten Stil, deren Thema sich zweifellos auf das Theater bezieht. Sie erinnert mit ihren komplizierten Perspektiven an barocke Bühnendekorationen von Bibiena im 17. Jahrhundert.
Aus Herculaneum, Basilika.
Neapel, Archäologisches Nationalmuseum.

Bronzestatuen von Kaisern und hohen Beamten aufgestellt waren (sie sind heute über viele ausländische Museen verstreut).
Nahe bei den Stadtmauern zum Meer hin und in der Umgebung standen prächtige Patrizierhäuser, sehr oft auf Terrassen, die ungewöhnliche Bauausführungen erlaubten, wie Veranden, Belvedere und große Balkone. Kostbare Spuren des täglichen Lebens blieben erhalten, weil die Stadt nicht wie Pompeji durch die Eruption zerstört wurde. Vom Lapilli-Regen abgesehen (der den Einwohnern aber nicht die Fluchtmöglichkeiten nahm), wurde Herculaneum erst einige Tage später von einem Schlammstrom aus vulkanischer Asche und Schlacke bedeckt; er hatte sich infolge der schweren Regenfälle, die dem Ausbruch folgten, in Bewegung gesetzt. Der erhärtete Schlamm hat sehr viele Holzgegenstände wie Türen und Möbel konserviert. Durch dieses einzigartige Phänomen blieben auch viele Malereien samt ihren Holzrahmen erhalten, was in Pompeji nicht der Fall war. Auf diese Weise blieben uns auch Dinge des täglichen Lebens in Form der *tabulae ceratae* erhalten, das sind kleine, mit Wachs überzogene Schreibtafeln, in die die Schrift mit dem *stylus* eingeritzt wurde. Auch Papyri mit literarischen und philosophischen Texten hat man gefunden.

Die Auffindung des Telephos.
Wandmalerei; auf eine Holztafel übertragen;
171 × 120 cm.
Der spätere Gründer von Pergamon, Telephos,
Sohn des Hercules und der Priesterin Auge,
wird von seinem Vater gefunden und erkannt.
Die sitzende Gestalt stellt Arcadia dar.
Aus Herculaneum, Basilika.
Neapel, Archäologisches Nationalmuseum.

DIE GEHEIMKOLLEKTION IM NATIONAL-MUSEUM VON NEAPEL

Die Geheimsammlung mit etwa 250 Kunstwerken erotischen Charakters galt früher als «pornographisch» und wurde erst vor einiger Zeit im National-Museum von Neapel dem Publikum zugänglich gemacht.

Die Fresken, Bronze- und Marmorplastiken erotischen Inhalts gehörten einst zu Privatsammlungen, standen in Gärten, schmückten die Wände von prunkvollen Villen oder auch Bordellen. Auch waren sie oft ganz einfach Gebrauchsgegenstände des täglichen Lebens, wie die Öllämpchen, Amulette und Vasen. Sie sind Ausdruck der Spätblüte einer Kultur und des Lebens in einer Stadt, die dem Untergang geweiht war.

Vasenhenkel mit erotischer Szene.
Bronze, Höhe 13 cm.
Anfang des 1. Jh. n. Chr.
Pompeji (4. April 1912).
RP, Inv. Nr. 129477.

Vasenhenkel mit erotischer Szene

Es handelt sich um das Endstück von dem Henkel eines Bronzegefäßes. Bei metallenen Vasen, silbernen wie bronzenen, sind die in ein Figuren-Dekor auslaufenden Henkel so angebracht, als befänden sich die Figuren unmittelbar an der Gefäßwand. Und hier sehen wir uns oft vor Meisterwerken der Ziselierkunst, sei es, weil der kleine Maßstab des Gegenstandes eine Technik erforderte, die an sich schon Miniaturkunst war, sei es, weil der Künstler auf keine der Ausdrucksmöglichkeiten verzichtete, die ihm die darzustellende Szene bot. Diese konnte z. B. aus Silenköpfen bestehen, aus Einzelfiguren oder aus Figurengruppen – wie der hier abgebildeten, die eine Liebesszene zwischen einem Satyr und einer Mänade darstellt. Die Form des Henkels öffnet sich buchstäblich zu verzweigten Büscheln, die einen Baum andeuten; die langen gelösten Haare sind ein Attribut der Mänaden, der Begleiterinnen von Bacchus. Dem Mann fehlen die Attribute der Satyrn, und das erschwert es natürlich, sich auf eine Identität der Gestalten festzulegen. Eines jedoch ist klar und wird in diesem Vasenbruchstück deutlich: Das Thema Liebe, von eh und je ausladend behandelt, dringt nunmehr mit der Ausschmückung von Gebrauchsgegenständen in das Alltagsleben vor. Trotz der kleinen Maßstäbe hat der Künstler die weiche Berücktheit eines solchen Augenblicks vollendet getroffen.
Die Kunst der pompejanischen Bronzebildner war, fast noch mehr wie die der Tarentiner, in der gesamten antiken Welt bekannt.

Rechts:
Satyr und Nymphe.
Marmorskulptur, 57 × 105 cm.
Anfang der Kaiserzeit.
Pollena Trocchia (12. April 1963).
RP, Inv. Nr. 152873.

Satyr und Nymphe – Marmorskulptur

Seite 163

Zu Beginn der römischen Kaiserzeit war Pompeji bereits eine Stadt mit regem Unternehmungsgeist und einer fest im Handel zu Lande und zu Wasser verankerten Wirtschaft. Die *domus* der Kaiserzeit ersetzt das strenge, vorrömische Haus, und bald wird auch das Zurschaustellen von Luxus einem wohlhabenden und anspruchsvollen Bürgertum zur Selbstverständlichkeit. Als sich zu den Patriziern mit Landbesitz der reiche Handelsstand gesellt, erreicht das private Bauwesen den Höhepunkt einer prunkvollen Monumentalität. Zudem schickt die Stadt ihre Ausläufer in die ländliche Umgebung vor. Diese unaufhaltsame Ausweitung des Stadtgebietes begünstigt den Bau von Wohnhäusern, und so bekrönen sich rasch nacheinander die Hänge des Vesuvs mit Landhäusern.
Die nebenstehend abgebildete Skulpturengruppe wurde zusammen mit einer Brunnenmaske und einer Jünglingsstatue des Dionysos auf dem Landgut Pollena Trocchia, unweit einer kleinen apsisartigen Ruine, familiären Heiligtums oder auch Gartenkapelle – mehr zur Zierde als zu Kultzwecken gedacht – aufgefunden. Wenn auch in diesem Gebiet niemals systematische Ausgrabungen stattfanden, so gibt doch die Erde häufig Zeugnisse der Vergangenheit frei; das spricht für die Hypothese, dieser vom Vulkanausbruch im Jahre 79 n. Chr. verschont gebliebene Landstrich sei wiederholt durch so heftige Erdbeben umgepflügt worden, daß die geologische Struktur abgewandelt und alles Leben dort ausgelöscht wurde. Die hier abgebildete Marmorgruppe weist eine kraftvolle Plastizität und wohlausgewogene Rhythmik auf.

Bacchanalszene – Marmorsarkophag

Nach einer von Konsul Publius Albinus durchgeführten strengen Erhebung über die orgiastischen Riten, die sich in den Wäldern Roms und ganz Italiens abspielten, wurde im Jahr 186 v. Chr. die Abschaffung von Bacchanalien durch Senatsbeschluß verfügt; doch wurde dieses Dekret nur für eine kurze Zeit, und auch da nicht konsequent, befolgt. Die als Dionysos-Verehrung aus Griechenland einge-

Bacchanalszene.
Marmorsarkophag.
2. Hälfte des 2. Jh. n. Chr.
Museo Farnese.
RP, Inv. Nr. 27710.

führten Bacchanalien wurden anfangs nur von Frauen zelebriert; erst als Männer zugelassen waren, verfiel ihr sakrales Gepräge mehr und mehr.
Die üppigen Trinkgelage zu Ehren des Gottes und die dionysische Trunkenheit lösten die moralischen Zügel, förderten eine freizügige Einstellung und ungehemmtes Benehmen. In der Kaiserzeit lebten diese Feste mit zunehmender Häufigkeit und immer zügelloseren Orgien wieder auf.
Bis zum 3. Jahrhundert n. Chr. wurden unzählige Sarkophage mit Szenen der dionysischen Riten ausgeschmückt; danach verschwand dieser Brauch sehr rasch.
Die mystische Bindung zwischen Dionysos und dem Tod, Rausch und Vergehen ist ein verwirrendes Thema – schon Plato hat es behandelt.
Als Gott der sich alljährlich erneuernden Vegetation und der Befruchtung, zugleich aber gebunden an den Lebenszyklus des Menschen und an die geheimnisvollen Mächte über Tod und Wiedergeburt, war Dionysos das Sinnbild der Unsterblichkeit. Der oben abgebildete Sarkophag gehört sicherlich zu den schönsten und thematisch erschöpfendsten Arbeiten, die wir kennen. Im Mittelpunkt des Flachreliefs ein ältlicher und fülliger Dionysos-Sardanapal, Bart und Haare nach orientalischer Mode hergerichtet; um ihn herum seine Anhänger, die sich dem orgiastischen Ritual überlassen. Eine Mänade schläft, andere tanzen, eine Paniske (niedere Waldgöttin) bietet sich einer Pans-Herme dar, und mitten in dem berauschten, mystischen Zeremoniell stützen zwei Satyrn den trunkenen, taumelnden Dionysos. Die beredte Sprache der Schattierungen und der mitreißende, bestürmende Rhythmus des Geschehens machen aus diesem Werk eines der bedeutsamsten der römischen Kunst in den Jahren zwischen der Herrschaft des Antonius (138–161) und der Mark Aurels (161–169).

Pan und die Ziege

Seite 166

Die Abstammung Pans ist ziemlich umstritten und verworren; man wollte in ihm einen Sohn des Zeus und der Nymphe Kallisto sehen, oder von Hermes und einer anderen Nymphe. Halb Mensch, halb Ziegenbock, hatte er tierhafte Gesichtszüge und Merkmale: Hörner, eine stumpfe Nase, Ziegenohren und Ziegenbart.

Pan und die Ziege.
Marmor, 47 × 49 cm.
1. Jh. v. Chr.
Herculaneum.
RP, Inv. Nr. 27709.

Auf jeden Fall war er eine charakteristisch zwiespältige Gestalt – und zugleich eine der bevorzugten in der hellenistischen Kunst. Im Laufe der Zeit und durch einen verwickelten Laisierungsprozeß wurde Pan zur Hauptfigur von Genredarstellungen, bisweilen unterwies er den anmutigen Daphnis und die Nymphen in Musik oder zog dem Silen einen Dorn aus dem Fuß, stellte auch Aphrodite nach, die ihn mit ihrer Sandale und dank dem Eingreifen eines kleinen, geflügelten Eros wegscheucht. In dem Bildwerk aus Herculaneum paart sich Pan mit einer Ziege und zeigt dabei zugleich seine tiermenschliche Doppelnatur. Mit ungewöhnlicher Meisterschaft vermochte der Bildhauer diese beiden Seiten Pans deutlich zu machen, wobei er nur die Rollen vertauschte: Pan besteht sein Liebesabenteuer fast nach Art eines Tieres, wohingegen die Ziege den intimen Kontakt auf beinahe menschliche Weise erfährt. Diese aus einem Block griechischen Marmors herausgearbeitete Gruppe nimmt zwei charakteristische Züge des späten Hellenismus ganz erstaunlich vorweg: die formale Strenge des geradezu vorbildlich in die Form eines Parallelepipedon aufgeteilten Werkes und den Realismus, mit dem ohne Bedenken die Götter ihrer klassischen Aureole beraubt und auf einer menschlich zugänglichen Ebene dargestellt sind.

Flachrelief mit erotischer Szene.
Marmor, 37 × 37 cm.
Mitte des 1. Jh. n. Chr.
Pompeji.
RP, Inv. Nr. 27714.

Rechte Seite: *Detail.*

Flachrelief mit erotischer Szene

Durch die Haltung der Frau ist die Linie von Hals und Schultern besonders hervorgehoben und das ästhetische Anliegen zu einer sehr feinen Einheit mit dem thematischen des Liebesspiels gelangt. Nicht selten verwendete der pompejanische Bildhauer außer dem Meißel noch den Pinsel, um sein Werk zu verschönen. So war auch dieses trapezförmige Flachrelief, verbliebenen Spuren nach zu schließen, getönt. Die Farbe betonte die Helldunkel-Kontraste und hob das Relief stärker von seinem Untergrund ab, so daß es plastischer wirkte.

Skyphos mit Szene Satyr und Nymphe

Die Keramikherstellung faßte in Süditalien Fuß, als die Macht und der Einfluß Griechenlands am stärksten waren. In Wechselwirkung mit den zunehmenden Handelsbeziehungen spiegelt sich die künstlerische, wirtschaftliche und technische Entwicklung Griechenlands in seinen westlichen Kolonisationsgebieten ab, in Sizilien und Großgriechenland, wo die attische Keramik sehr bald die Wohnhäuser verschönt. Schon im 8. und 7. Jahrhundert v. Chr. hatten die Krateron aus der Zeit des Geometrischen Stils und die frühkorinthischen Vasen, in ihrer Kleinheit besonders geeignet zum Bewahren von Öl und aromatischen Essenzen, zur Ausstattung eines Grabes gehört, und die Werkstätten von Kyrene, Naukratis und Chalkis brachten diese Gegenstände mit immer schöneren und verfeinerten Dekors auf den Markt. Im 6. Jahrhundert v. Jhr. vollzog sich dann aus nicht zu ermittelnden Gründen, die ebensogut technisch wie künstlerisch bedingt sein können, in der keramischen Kunst eine große Umwälzung des Ausschmückungsverfahrens: Der natürliche Terrakotta-Untergrund wird ganz und gar mit schwarzer Glasur überzogen und das Gefäß nun mit roten Figuren geschmückt. Der Künstler, der dadurch die Formen stärker herausheben und seine künstlerische Absicht vollkommener ausdrücken kann, signiert jetzt voller Stolz sein Werk.

Das Dekor des *skyphos* wird von den Experten übereinstimmend Epiktetos zugeschrieben, einem attischen Keramikmaler, der in den letzten fünfundzwanzig Jahren des 6. Jahrhunderts v. Chr. wirkte. Unter den zahlreichen mutmaßlich von ihm stammenden Arbeiten sind dreißig gemeinsam mit den hervorragendsten und berühmtesten Töpfern jener Zeit geschaffen und signiert worden. Diese große Anzahl signierter Werke führte mit Recht zu der Annahme, daß Epiktetos einer der bedeutendsten attischen Keramikkünstler war. Das im Dekor dieser Tasse behandelte Thema bezieht sich deutlich auf den Dionysos-Mythos: Auf der einen Seite versucht eine Bacchantin einem geschwänzten Silen zu entfliehen; auf der anderen Seite reicht eine Mänade einem ithyphallischen Maultier – dem klassischen Reittier des Dionysos und der Silenen – ihren Pokal. Wie in allen Schöpfungen des Epiktetos ist der zeichnerische Strich auf das Wesentliche konzentriert. Diese Ausführung und die kompromißlos in sich geschlossene Form machen das Trinkgefäß zu einem der vollendetsten Kunstwerke der attischen Keramik.

Skyphos mit Szene «Bacchantin und Silen».
Rotfigurige attische Keramik.
9,5 × 17 cm.
Letztes Viertel des 6. Jh. v. Chr.
Anzi di Basilicata.
RP, Inv. Nr. 27669.

Öllampen mit erotischen Szenen

Seite 170/171

Unter den Kunsterzeugnissen für den Hausgebrauch, die zum täglichen Bedarfsartikel aufrückten, kam die Öllampe verhältnismäßig spät nach Süditalien, später als zu anderen Völkern des Mittelmeerraumes. Schematisch umrissen entdeckte man sie in den Hieroglyphen des alten Ägypten, und aus den mykenischen Königsgräbern sowie dem Palast von Knossos förderte man zahlreiche steinerne Exemplare zutage, die auf die kretisch-mykenische Kultur zurückgehen. Die Römer übernahmen die Verwendung der Öllampe von den Griechen, und mindestens seit dem 6. Jahrhundert v. Chr. wurden griechische Öllampen nach Mittelitalien importiert. Meist waren sie aus Ton oder Bronze.

Die auf Seite 170 abgebildete Öllampe in braunglasierter Terrakotta ist ein seltenes Beispiel vollendeten Gleichgewichts zwischen Linienführung und Ausschmückung.

Auch bei den anderen Öllampen entwickeln die jeweils in einen oder mehrere konzentrische Kreise eingeschlossenen, kräftig herausgehobenen Szenen das gleiche Thema in zahlreichen Varianten. Im allgemeinen sind die Funktion des Gebrauchsgegenstandes und die Motive des Dekors nicht aufeinander bezogen – doch wäre in solch einem Falle ein Bezug vorstellbar.

Das in der verzierten Vertiefung der Lampe erkennbare winzige Loch diente zum Nachfüllen des Öls. Wie die Abbildungen zeigen, gab es bei den Tüllen kaum Unterschiede und nur in Ausnahmefällen Abweichungen wie bei der Lampe Seite 170, wo die übliche Tülle durch einen doppelten, geschwänzten Griff ersetzt ist. Fast alle sind sie durch eine Doppelumrahmung abgerundet, und nur die Lampe rechts unten hat eine einfache, runde Tülle, wahrscheinlich wegen des Gleichgewichts zu dem etwas wuchtiger dekorierten Rand.

Die Pompejaner liebten hellerleuchtete Häuser, und wie sie sich behalfen, um das schwache Licht der Öllampen zu verstärken, wissen wir durch die erhaltenen Geräte. Eines der sinnreichsten bestand aus einem großen Metallarm, aus dem sich wie Zweige aus einem Strauch zahlreiche kürzere Arme abzweigten, an die man die Öllampen hing. Zweifellos dienten diese prunkvollen Lampenhalter zur Erleuchtung von Atrien und Sälen – die hier abgebildeten kleinen Lämpchen dagegen eher zur diskreten Aufhellung verschwiegener Kammern.

Derselbe Pokal mit der zweiten Szene.

Öllampe mit geflügeltem Phallus.
Braunglasierte Terrakotta.
Höhe 4 cm, Länge 15 cm.
Epoche des Augustus.
Museo Borgia.
RP, Inv. Nr. 27867.

Rechte Seite:

Oben links:
Öllampe mit erotischer Szene.
Braunglasierte Terrakotta.
Höhe 2,5 cm, Länge 11,5 cm.
Durchmesser 5,6 cm.
1. Hälfte des 1. Jh. n. Chr.
Herculaneum (gegen 1873).
RP, Inv. Nr. 110112.

Oben rechts:
Öllampe mit erotischer Szene.
Braunglasierte Terrakotta.
Höhe 2,6 cm, Länge 12 cm,
Durchmesser 6,4 cm.
1. Hälfte des 1. Jh. n. Chr.
Pompeji (gegen 1872).
RP, Inv. Nr. 109412.

Mitte links:
Öllampe mit erotischer Szene.
Rotglasierte Terrakotta.
Höhe 2,8 cm, Länge 12 cm,
Durchmesser 6 cm.
1. Hälfte des 1. Jh. n. Chr.
Pompeji.
RP, Inv. Nr. 27865.

Mitte rechts:
Öllampe mit erotischer Szene.
Braunglasierte Terrakotta.
Höhe 2,8 cm, Länge 11,5 cm,
Durchmesser 7,3 cm.
1. Hälfte des 1. Jh. n. Chr.
Museo di Noja.
RP, Inv. Nr. 27864.

Unten links:
Öllampe mit erotischer Szene.
Braunglasierte Terrakotta.
Höhe 2,7 cm, Länge 12 cm,
Durchmesser 4,6 cm.
1. Hälfte des 1. Jh. n. Chr.
Pompeji.
RP, Inv. Nr. 109413.

Unten rechts:
Rundschnablige Öllampe
mit erotischer Szene.
Rotglasierte Terrakotta.
Höhe 2,5 cm, Länge 11,4 cm,
Durchmesser 4,9 cm.
Mitte des 1. Jh. n. Chr.
Museo Borgia.
RP, Inv. Nr. 27861.

Placentarius.
Zwei vergoldete Bronzeskulpturen.
Höhe 25 cm.
Pompeji, I. Region, insula VII, Nr. 10–12.
Casa dell'Efebo
(aus den letzten Jahren Pompejis).
RP, Inv. Nr. 143758 mit Tablett,
RP, Inv. Nr. 143759 ohne Tablett.

Links:
Priapus, einen Becher ausgießend.
Bronzeskulptur, Höhe 22 cm.
Seiten- und Vorderansicht.
1. Jh. n. Chr
Potici (1. Februar 1746).
RP, Inv. Nr 27731.

Zwei Priapus-Skulpturen, einen Becher ausgießend

Seite 172

Nach einem Passus bei Plinius *(Nat. Hist.* XXVI, 10), der von Kräutern handelt, aus denen Aphrodisiaka gewonnen wurden, glaubten einige Historiker in den zwei Bronzefigürchen die Darstellung bejahrter Männer sehen zu müssen, die solcher Stimulantien bedürfen. Viel wahrscheinlicher ist es jedoch, daß es sich hier um Priapus handelt, der gerade ein Trankopfer zu Ehren seines, eine reiche Ernte versprechenden Phallus darbringt. Bei beiden, einander sehr ähnlichen Kleinbronzen ist der sakrale Charakter verlorengegangen, und auch als Kunstwerke weichen sie durch einige Besonderheiten von der offiziellen Darstellungsweise ab, obwohl sie wahrscheinlich aus Alexandria stammen.

Placentarius – zwei Skulpturen

Das pompejanische Haus im 1. Jahrhundert des römischen Kaiserreichs hatte bereits die Einflüsse der hellenistischen Kultur vollständig in sich aufgenommen, und die üppige Innenraumausschmückung mit ihrem Reichtum an Mosaiken, Wandmalereien und Skulpturen machte es zu einer der prächtigsten Wohnstätten der Antike.

Besonders deutlich ablesbar ist die hellenistische Stilrichtung an der Casa dell'Efebo (Haus des Epheben). Wie bei den meisten pompejanischen Häusern aber gesellt sich zur Feinheit und Kostbarkeit der großen Kunstwerke auch die Volkskunst, wodurch interessante Einblicke möglich wurden. So fand man in der Casa dell'Efebo die beiden hier gezeigten Bronzefigürchen, untergebracht neben anderen, gleichartigen Stücken in einer Saalecke nahe beim Atrium und geschützt durch eine Verschalung. Die auf der einen Hand balancierten Tabletts waren abgelöst und so verwahrt, daß sie weniger Platz einnahmen, was darauf schließen läßt, daß die Statuetten gerade erst aus der Werkstatt eingetroffen und noch nicht aufgestellt waren, als der Vulkanausbruch kam, der Pompeji und seine Einwohner unter sich begrub. Die Statuetten, kleine Meisterwerke, wurden wahrscheinlich als Salzgefäße benutzt: Das Näpfchen für Salz wurde in die innere Vertiefung des Silbertabletts hineingesetzt. Der spindeldürre nackte Mann, sinnbildhaft ithyphallisch wie in fast allen humoristischen Darstellungen, bietet seine Ware durch Ausrufen an: er ist ein Placentarius, ein Straßenhändler für *placentae*, große, flache Fladen aus Teig und Honig, wie sie z. B. bei Cato erwähnt sind. So gehören diese Statuetten zu den vielen stark karikaturistischen Typisierungen von Menschen, denen man täglich auf der Straße begegnete.

Rechts:
Trinkgefäßmaske.
Terrakotta, 9,5 × 9 cm.
1. Jh. n. Chr.
Pompeji (22. Mai 1843).
RP, Inv. Nr. 27859.

Zwei Trinkgefäßmasken

Durch die römische Kunst fanden Masken-Skulpturen bald auch in aller Welt Verbreitung. Ungeheuer groteske Gesichter und Fratzen, meist ausgeführt in Stein oder Terrakotta, schmückten Ecksteine zwischen Mauerbögen, Giebeln, Brunnenablaufrohren und Regenrinnen. Die hier abgebildeten drei Masken sind zwar dem üblichen Modell solcher Masken nachgebildet, wurden aber als Trinknäpfe für Vögel klassifiziert, und nicht wenige Details bekräftigen diese Hypothese: die kleinen Maße bei dennoch ganz gutem Fassungsvermögen für Flüssigkeit, die ziemlich breite Basis und ein die Höhe übertreffender Durchmesser, was das Gebilde stabiler machte, und schließlich die seitlichen, ringartigen Griffe, durch die es handlicher wurde. Im Mund der abgebildeten Masken befindet sich ein beweglicher Phallus, der wahrscheinlich als Schwimmkörper fungierte, sobald sie mit Wasser gefüllt waren.

Links:
Trinkgefäßmaske.
Terrakotta, 8 × 7,5 cm.
1. Jh. n. Chr., Torre Annunziata
(Ausgrabungen gegen Ende des vorigen Jahrhundets bei Battari);
RP, Inv. Nr. 125169

Polyphallus.
Tintinnabulum, Bronze, Länge 14,5 cm.
1. Jh. v. Chr. – 1. Jh. n. Chr.
Herculaneum.
RP, Inv. Nr. 27837.

Tintinnabula

Alle Kultgegenstände, die mit orientalischem Religionsritual zusammenhängen, waren weit verbreitet. Zu ihnen gehörten auch die *tintinnabula*, so benannt nach den Glöckchen daran, denen man die gleichen magischen Kräfte, den Bösen Blick zu bannen, zuschrieb wie dem Phallus, der außerdem als Symbol für Wohlstand und Gesundheit galt. Die Römer verbanden nun beide Elemente miteinander und machten daraus einen neuen Hausgegenstand, dessen Mittelstück ein unterschiedlich gestalteter Phallus war – je nach Einfällen der betreffenden Künstler, die damit allegorische Figuren bildeten – und der mit einem oder mehreren, an eigens dafür vorgesehenen Haken angebrachten Glöckchen geschmückt wurde. Diese Neuschöpfung nannten sie *tintinnabulum*, was Glöckchengeläut bedeutet, und hingen es am Plafond auf, besonders gern in Kaufläden als Vorzeichen für glückhafte Handelsgeschäfte.

Durch die hervorragende Verarbeitung des auf der rechten Seite abgebildeten *tintinnabulum* kommt die einzigartige Darstellung besonders stark heraus. Der Gladiator, der sich anschickt, mit seinem kurzen Schwert den Kopf des kläffenden Hundes abzuschlagen, der sich, personifiziert mit dem Phallus, wütend auf ihn stürzt, hat ohne Zweifel symbolische Bedeutung: die des unbändigen Geschlechtsdrangs.

Rechts:
Der Gladiator.
Tintinnabulum, Bronze, Höhe 21 cm.
1. Jh. v. Chr. – 1. Jh. n. Chr.
Herculaneum (8. Februar 1740).
RP, Inv. Nr. 27853.

Pan und Hermaphroditos

Dieses entzückende Fresko knüpft an eines der vielen Abenteuer des Gottes der Wälder und der Herden an, der jederzeit darauf aus war, Nymphen im Schlaf zu überraschen. Hier allerdings hat Pan eine Nymphe mit Hermaphroditos verwechselt, jener zwitterhaften Gottheit, die die Merkmale beider Geschlechter trägt. Angewidert flüchtet Pan, während der Gott ihn vergeblich zurückzuhalten sucht. Die kleine Szene ist so ironisch angelegt, daß man meinen könnte, es habe eher Hermaphroditos den Pan in die Falle gelockt, nicht umgekehrt. Der Bezug zur hellenistischen Kunst, in der die mythologische Parodie mit Vorliebe eine enttäuschte Erwartung zum Ausdruck bringt, bestätigt sich noch durch die umrahmende Kulisse einer sich zwischen Felsen und Bäumen weit bis in den Hintergrund erstreckenden Landschaft. Das Gemälde, das die lebensvolle und zugleich elegante Anmut des Vierten Stils aufweist, wird dem Maler der Jo zugeschrieben (jenes von Zeus geliebten Mädchens mit den kleinen Kuhhörnern), dessen Wirken auch durch zahlreiche andere Werke bezeugt ist.

Wandmalerei mit erotischer Szene

Der Wunsch, das figürliche Repertoire wieder neu zu erarbeiten, spornt den pompejanischen Künstler zu rastlos unablässiger Motivsuche an. Die beharrliche Erforschung der realen Welt zieht auch das technische Experimentieren nach sich, und bald wird das breite, bedächtige Ausmalen durch rasche Pinselstriche ersetzt, die man schon als impressionistisch bezeichnen kann. Wozu mochten diese Bildchen dienen? Sie knüpften an die hellenistische Überlieferung an – wie man weiß, gab es dort Pornographie – und können der sogenannten Genrebildchenproduk-

Pan und Hermaphroditos.
Wandmalerei, 91 × 143 cm.
Aus der Zeit Neros.
Pompeji, VI. Region, insula IX, Nr. 6–7,
Casa dei Dioscuri (Atrium).
RP, Inv. Nr. 27700.

Oben links:
Wandmalerei mit erotischer Szene.
51 × 54 cm.
Aus der Zeit Vespasians.
Pompeji.
RP, Inv. Nr. 27696.

Oben rechts:
Satyr und Mänade.
Wandmalerei, 37×44 cm.
Aus der Zeit Neros.
Pompeji, V. Region, insula I, Nr. 18,
Casa degli Epigrammi (Peristyl).
RP, Inv. Nr. 27705.

tion hellenistischen Ursprungs zugeschrieben werden. Doch ist auch nicht auszuschließen, daß sie in gewissem Sinne eine bebilderte Schule der Liebe, vielleicht auch ein Reizmittel zum Liebesakt sein sollten. Tatsächlich fand man viele nicht nur in Bordellen, sondern auch in Schlafgemächern, also offenbar als Stücke privater Sammlungen erotischer Malerei. Hierauf scheint Ovid sich in folgendem Vers zu beziehen:

«Wenn es dir Spaß macht, auf tausend Manieren verstehn sie zu lieben:
Mehr Methoden ersann nie eines Malers Genie.
Sie empfinden die Lust, auch wenn sie dazu nicht gereizt sind.»

Satyr und Mänade

Auch bei diesem Gemälde, dessen harmonische Komposition sich absichtlich auf einen gewissen Manierismus einläßt, ist die Zufluchtnahme zu Kontrasten und Lichteinblendungen zur Erzielung einer illusionistischen Wirkung sehr augenfällig. Die intime Anmut der Liebesbegegnung ist mit berückender Ausdruckskraft hervorgehoben.

Satyr und Mänade.
Mosaik, 37×39 cm.
2. Jh. v. Chr.
Pompeji, VI. Region, insula XII, Nr. 2–5,
Casa del Fauno.
RP, Inv. Nr. 27707.

Satyr und Mänade – Mosaik

Die musivische Kunst verbreitete sich in Italien im hellenistischen Zeitalter, eingeführt wahrscheinlich durch spezialisierte griechische Kunsthandwerker. Sie ist hervorragend bei Vitruv und bei Plinius d. Ä. beschrieben. Ein sehr genaues Bild verdanken wir Pompeji und Herculaneum auch in dieser Kunst, speziell von der römischen Mosaikanfertigung während der Kaiserzeit. Allein schon die eindrucksvolle Bilderfolge in der Casa del Fauno (Haus des Fauns) würde genügen, die bedeutsamste Phase der musivischen Entwicklung von der republikanischen Periode an zu rekonstruieren – also von der Zeit an, als die ersten pompejanischen Mosaiken noch aus Flußkieseln oder Meeresgestein gelegt wurden. Das wunderschöne hier abgebildete Mosaik ist ein *emblema* – ein in die Mitte eines Fußbodenmosaiks eingefügtes figürliches «Gemälde», in winzigsten Steinwürfeln ausgeführt, mit denen sich die Konturen leichter aufzeichnen lassen. Der pompejanische Künstler hat mit äußerster Sensibilität die empfindlichen chromatischen Übergänge getroffen, wobei die akribisch genaue Zeichnung des Vorgangs die Wirkung von der sehr ernsthaften Vertieftheit dieser zwei Menschen in den Liebesakt nicht abschwächt.
Dieses *emblema* aus einem der vielen in der Casa del Fauno aufgefundenen Mosaiken, befand sich im Fußboden eines der Gemächer beim Eingang. – Das bedeutendste Werk, von manchen sogar für das kostbarste musivische Kunstwerk der Antike überhaupt gehalten, ist das große Mosaikgemälde der *Schlacht bei Issos*, das durch ein Gemälde des Philoxenos von Eretria angeregt wurde.

GESCHICHTE UND ENTWICKLUNG DER STADT POMPEJI

Plan von Pompeji

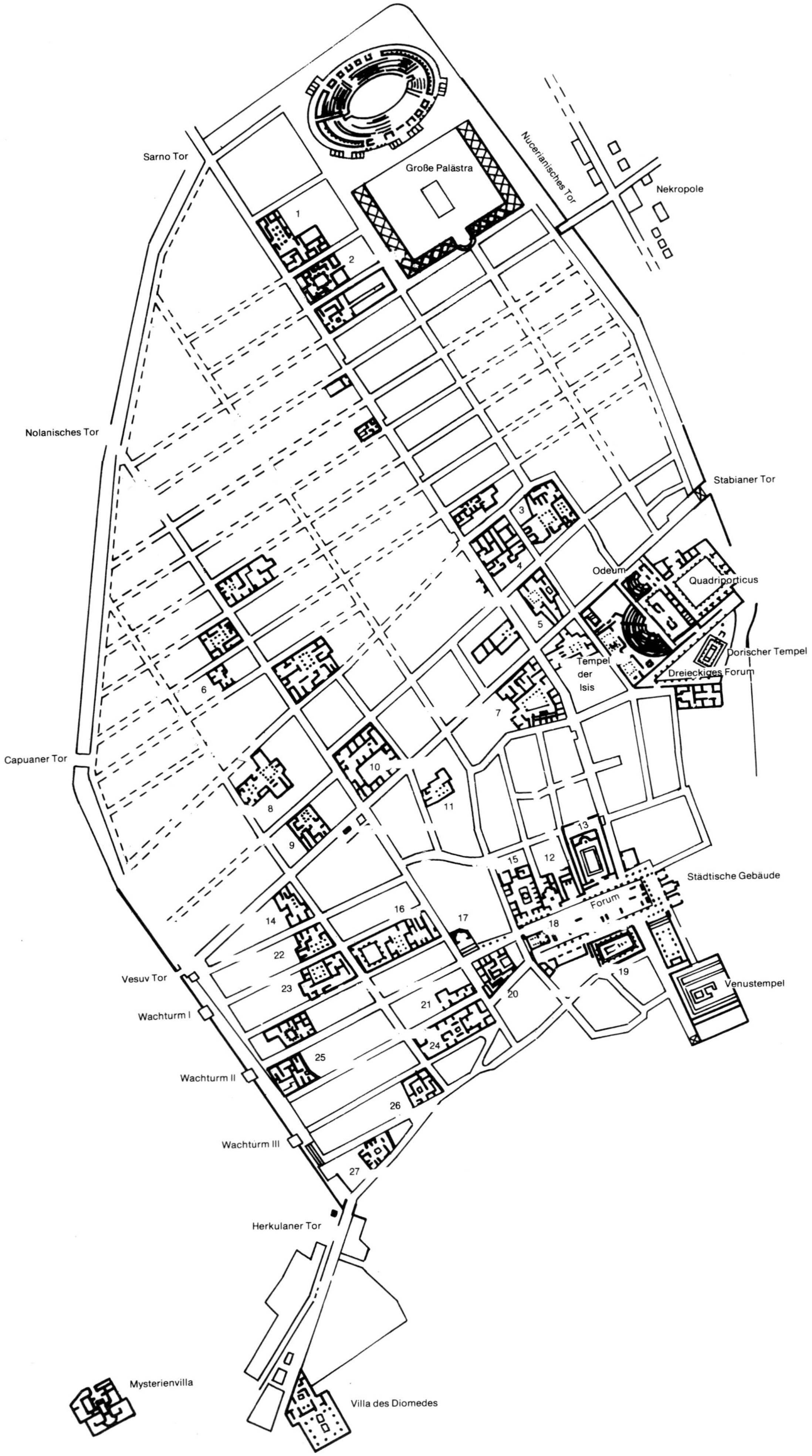

1 Haus der Julia Felix
2 Haus der Venus
3 Haus des Menander
4 Haus der Kryptoportikus
5 Haus des Kitharoden
6 Haus des M. L. Fronto
7 Stabianer Thermen
8 Haus der Silbernen Hochzeit
9 Haus des C. Jucundus
10 Zentrale Thermen
11 Haus des Orpheus
12 Vespasianstempel
13 Gebäude der Eumachia
14 Haus der goldenen Cupidi
15 Macellum
16 Haus des Fauns
17 Tempel der Fortuna Augusta
18 Jupitertempel
19 Apollontempel
20 Forumsthermen
21 Haus des tragischen Dichters
22 Haus der Vettier
23 Haus des Labyrinths
24 Haus des Pansa
25 Haus des Apoll
26 Haus des Sallust
27 Haus des Chirurgen

GESCHICHTE, TOPOGRAPHIE UND STADTENTWICKLUNG VON POMPEJI

Von Antonio de Simone

Die Stadt, ihre Gestalt und ihre Entwicklung

Die Antike konnte sich zahlreicher bedeutender Städte mit einer langen und ereignisreichen Geschichte rühmen. Sie besaßen prächtige Monumente, hier fanden wichtige Ereignisse statt und bedeutende Männer der Tat und des Geistes, die einen wichtigen Beitrag zur Geschichte und zur Zivilisation leisteten, lebten in ihnen. Pompeji gehört nicht zu diesen Städten. In den beinahe acht Jahrhunderten seiner Existenz – was für eine Stadt nicht besonders lang ist – kam Pompeji nie über die engen Grenzen provinzieller Bedeutung hinaus; seine Geschichte ist trotzdem erzählenswert. Die hastig und achtlos weggeworfenen Werkzeuge, halboffene Türen, bei der kopflosen Flucht verlorene Halsbänder, Häuser, die aus Angst vor Dieben sorgfältig verschlossen sind, weisen darauf hin, daß man sich sicher war, daß man nach dem gewaltsamen Erwachen des «schlafenden Vesuvs» nur vorübergehend fliehen mußte und rasch wieder zurückkehren könnte. Aber die Zeit blieb stehen und so erweckt die versunkene Stadt bei uns heute den mystischen und bezaubernden Eindruck der Lebendigkeit. Man vermeint zu hören und zu sehen, wie an den Verkaufstheken gehandelt wird, wie sich Menschenmengen zu religiösen Handlungen auf dem Forum versammeln; man hört das Toben der Massen im Amphitheater und erlebt den Frieden und die Ruhe inmitten der Blumen in den Peristylen; man hört das leise Gemurmel aus den Patrizierhäusern und die laute Fröhlichkeit in den Tavernen. Jede Ruine, jeder Gegenstand, der ans Licht gebracht wird, ist von menschlichem Leben erfüllt: Die ehrwürdigen Portraits der Vorfahren, die in den Atriumhöfen aufgestellt sind, lassen den Stolz auf die lange Familientradition erkennen; die Wachstafeln mit Rechnungen erzählen von den einträglichen Geschäften der Bankiers; die überall zu findenden Wandinschriften berichten von den Ambitionen der Politiker, den Träumen junger Verliebter oder den unzüchtigen Anspielungen von Witzbolden. Pompeji enthüllt auf faszinierende Weise den Ablauf des täglichen Lebens.

Die Stadt ist jedoch nicht nur die leidenschaftliche und lebendige Erinnerung an eine verlorene Welt. Die ganz besonderen Umstände ihres Untergangs und die Entwicklung der Grabungstechnik während der letzten beiden Jahrhunderte eröffnen den Ausgräbern ganz hervorragende Möglichkeiten für ihre Studien. Innerhalb seiner Grenzen spielt Pompeji eine wichtige Rolle in dieser geschichtsträchtigen und seit uralten Zeiten besiedelten Landschaft. Diese Umstände förderten nicht nur die Gründung der Stadt, sondern auch ihre Weiterentwicklung.

Zwischen dem Vesuv im Norden und den Montes Lactarii im Süden liegt über dem Meer das Sarno-Plateau, das seinen Namen vom Fluß Sarno hat. Diese reiche und fruchtbare Ebene wurde im 9. Jahrhundert v. Chr. allmählich von der einheimischen Bevölkerung besiedelt. Die Stelle, an der Pompeji entstand, lag nahe an der Mündung des Flusses. Dort kreuzten sich die Küstenstraße, die von den griechischen Kolonien Cumae und Neapolis nach Norden führte, mit einer südlichen Abzweigung nach Stabiae, Surrentum und den anderen Städten auf der Halbinsel von Sorrent und der östlichen Hauptstraße nach Nuceria, Nola und Acerrae. Pompeji verdankt diesem Umstand seine Entstehung und seine rasche Entwicklung. Die Mündung des *«mitis Sarnus»* bildete den natürlichen Hafen für die Städte des Hinterlandes, und die sich hier kreuzenden Straßen erlangten eine außerordentliche Bedeutung.

Dem Vesuv ist nicht nur der Untergang Pompejis zuzuschreiben, sondern, in gewisser Weise, auch seine Geburt. Tatsächlich wurde die Stadt auf einem Bergrücken erbaut, der der äußerste Ausläufer eines Lavastroms ist, der sich in längst vergangenen Zeiten während eines heftigen Vulkanausbruchs gebildet hatte. Weitere Ausbrüche und Lavaströme ebneten die Oberfläche ein, und auf genau diesem Plateau wurde Pompeji erbaut. Nach Süden hin wurde der Lavastrom abrupt vom Meer aufgehalten und der dabei entstandene, steile Abgrund bildet einen hervorragenden Verteidigungswall gegen mögliche Angriffe; nach Südosten hin, im Gebiet zwischen dem Amphitheater und dem Stabianer Tor, fällt das Plateau bis auf wenige Meter über dem Meeresspiegel ab. Der höchstgelegene Teil der Stadt – mehr als vierzig Meter über dem Meeresspiegel – befindet sich im Nordwesten, nahe der Porta Ercolano. Der Lavarücken war

einigermaßen eben und glatt und wurde daher ursprünglich der Platz, an dem sich die Straßen kreuzten, und an dem später (Ende des 7. – Anfang des 6. Jahrhunderts v. Chr.) ein Markt entstand. Die hier von der einheimischen Bevölkerung, den Oskern, errichteten Gebäude bildeten den ersten Kern der Stadt und die Stelle, die später einmal das Forum werden sollte.
Pompeji, das zur Zeit seiner größten Ausdehnung verschüttet wurde, sieht aus der Luft wie ein Vieleck mit verschieden langen Seiten aus; die Mauern, die mehr als drei Kilometer lang sind, umschließen eine Fläche von weit mehr als einem halben Quadratkilometer. Die Stadt wird von Ost nach West von zwei Hauptstraßen, den sogenannten *«decumani»*, durchschnitten: der Straße nach Nola und der Via dell'Abbondanza oder Straße des Überflusses. Drei weitere große Straßen, die sogenannten *«cardines»*, durchlaufen Pompeji von Norden nach Süden: Es sind die Straßen nach Stabiae und Nuceria und die Merkurstraße. Diese verschiedenen Hauptstraßen, die sich rechtwinklig schneiden, unterteilten die Stadt auf rationale und homogene Weise in Viertel, die *«regiones»*, die ihrerseits von Nebenstraßen in rechteckige *«insulae»* aufgeteilt wurden, in denen die Häuser errichtet wurden. Das Zentrum Pompejis liegt an der Stelle, wo sich der ursprüngliche Markt befand, der zum offenen Forum wurde, um das herum die öffentlichen Gebäude standen, die das politische, religiöse und wirtschaftliche Leben einer antiken Stadt repräsentieren. Am südlichen Stadtrand liegen das dreieckige Forum und das große und das kleine Theater; im östlichen Teil der Stadt befinden sich die große Palaestra und das riesige Amphitheater. Sie sind von *insulae* umgeben, die zwar von Mauern klar begrenzt sind, von Gebäuden aber gänzlich oder teilweise entblößt zu sein scheinen. Die Nekropolen befanden sich außerhalb der Stadtmauern in der Nähe der Porta Nuceria, der Porta Stabiae, der Porta Vesuvio und der Porta Ercolano; vor dem letztgenannten Tor befindet sich auch die erstaunliche Gruppe der Vorortvillen (z. B. die Villa der Mysterien).
Der genau ausgerichtete und homogene Grundriß der Stadt unterstreicht noch, was auf den ersten Blick wie Unregelmäßigkeiten und Ungenauigkeiten aussieht. Die *insulae* rund um das Forum besitzen atypische Umrisse und sind in ein unregelmäßiges Netzwerk kleiner kurviger Straßen irgendwie hineingepreßt. Diese uralten Relikte sind Zeugen von Ereignissen, die über beinahe acht Jahrhunderte hin den Rhythmus des Lebens in der Stadt bestimmten; aus der so entstandenen Geschichte heraus läßt sich ein derart reich gegliederter und auf viele Arten auch charakteristischer Grundriß der Stadt auch verstehen. Die unregelmäßigen *insulae* rund um das Forum sind Relikte des ursprünglichen Pompeji, das von der einheimischen Bevölkerung der Osker zwischen dem Ende des 7. und dem Beginn des 6. Jahrhunderts v. Chr. gegründet wurde. Das griechische Cumae besaß zu jener Zeit so etwas wie eine Vorherrschaft über die anderen Städte an der kampanischen Küste; Monumente wie der Tempel des Apollo nahe beim Forum sind Zeugen für den griechischen Einfluß auf die primitive italische Anlage der Stadt. Am Ende des 6. Jahrhunderts schwand der griechische Einfluß und machte etruskischen Kulturformen Platz. Die Etrusker, die schon das kampanische Hinterland beherrschten, zielten darauf, den Griechen die Kontrolle über das Tyrrhenische Meer zu entreißen. 474 v. Chr. wurden die Etrusker jedoch endgültig besiegt, und der Einfluß der griechischen Kultur reichte wieder über den gesamten Landstrich. Pompeji und andere kampanische Städte erhielten die Grundrisse, die noch heute zu erkennen sind. Die Stadt wurde nach den sogenannten hippodamischen Stadtplanungsgrundsätzen erweitert – diese Bezeichnung geht auf Hippodamos von Milet zurück, von dem man glaubt, daß er der Erfinder und erste Theoretiker der Lehrsätze zur Städteplanung ist. Der Plan der antiken Städte, besonders der griechischen, beruhte auf einem orthogonalen (rechtwinkligen) Grundriß, der durch sich im rechten Winkel kreuzende Straßen festgelegt war. Dieser Plan wurde in Pompeji nicht völlig eingehalten; es mußte ja der schon bestehende Ort in den neuen Stadtplan integriert werden. Die Vergrößerung der Stadt nahm auch eine Vermehrung ihrer Bevölkerung vorweg; damit läßt sich auch das Vorhandensein unbebauter *insulae* zur Zeit des Vulkanausbruchs im Jahre 79 n. Chr. erklären. Es muß darüber hinaus festgestellt werden, daß die Stadtmauern nicht nur der Verteidigung dienten, sondern auch das Gebiet der Stadt bewußt eingrenzen sollten. Dieser Grundriß, eindeutig griechischen Ursprungs, wurde wegen seines intelligenten und vernünftigen Aufbaues auch von den anderen ethnischen Gruppen, die Pompeji beherrschten, beibehalten: Der Grundriß blieb bis zum Ende des 5. Jahrhunderts v. Chr. unverändert, als die Stadt von den Samniten erobert und Mitglied im samnitischen Bund im südlichen Kampanien wurde; auch danach wurden bis zum Ende des 4. Jahrhunderts, als Pompeji in den Machtbereich Roms geriet, keine Veränderungen vorgenommen.

Die Mauern und Straßen

Die Mauern der Stadt, die das beste Beispiel für die Befestigungskunst in ganz Süditalien darstellen, wurden aus sarnischem Kalkstein und Tuff aus Nuceria erbaut. Sie wurden aus verschiedenen Anlässen auf unterschiedliche Art immer wieder hergestellt, die ursprünglichen Umrisse wurden aber immer beibehalten. Die diversen Wiederaufbauten und Reparaturen geben eine vollständige Geschichte der Stadt wieder. Die erste Bauphase geht auf das 5. Jahrhundert v. Chr. zurück; der mächtige zweifache Schutzschirm ähnelt den Mauern der umliegenden Städte Großgriechenlands und ist ein eindeutiger Beweis für den griechischen Einfluß. Gegen Ende des 5. Jahrhunderts besetzten Samniten – die kriegerischen Bewohner der nahegelegenen Berge – die Stadt. Sie stellten die Mauern weitgehend wieder her, wobei sie sich an rein italische Bauweisen hielten, und führten außerdem noch starke Erdwälle auf. Es war möglicherweise Hannibals Eindringen in Italien, das die Pompejaner ihre Verteidigungsanlagen verstärken ließ. Während des

3. Jahrhunderts wurde deshalb der äußere Verteidigungsring durch eine innere Mauer ergänzt, die durch kräftige Pfeiler befestigt war. Zwischen den beiden Bastionen war ein Weg für die Nachtwachen angelegt. Zwischen dem Ende des 2. und dem Beginn des 1. Jahrhunderts rebellierten die Städte, die sich voreilig unter den Einfluß Roms begeben hatten, nun aber von dieser ihnen nichts einbringenden Allianz genug hatten; die italische Bevölkerung von Pompeji machte eine letzte mächtige Anstrengung, innerhalb der Stadtmauern zu widerstehen, die während der vorhergehenden Jahre sorgfältig wiederhergestellt worden war. Die gefährdetsten Stellen waren durch zwölf Wachttürme mit quadratischem Querschnitt verstärkt worden, zu denen der Patrouillenweg führte. Im Jahre 89 v. Chr. löschte der Diktator Sulla die benachbarte Stadt Stabiae aus und belagerte Pompeji, um damit das letzte Zentrum des italischen Widerstands zu vernichten. Der Mut der Bevölkerung und die Festigkeit der Mauern war für die Römer kein Hindernis, die Stadt wurde von ihnen erobert. Nachdem es im Jahre 80 v. Chr. römische Kolonie und in den römischen Machtbereich einbezogen worden war, hatte Pompeji keine Feinde mehr, vor denen es sich hätte schützen müssen. Die Mauern verloren ihren ursprünglichen Zweck, und an bestimmten Stellen, wie zum Beispiel bei der Porta Ercolano, wo man einen weiten Ausblick über das Meer hatte, wurden auf der Bastion prächtige Häuser erbaut. Im Laufe der Jahrhunderte verloren auch die acht Tore ihre Bedeutung als Teile der Verteidigungsanlage und waren einfach nur noch monumentale Portale.

Nachdem man die Tore durchschritten hat, präsentiert sich dem Auge das Netzwerk der Straßen in seiner Pracht und Größe, versehen mit dem Gütesiegel der römischen Zivilisation. Die gepflasterten Straßen mit ihren Gehsteigen und den großen behauenen Steinen, auf denen man sie trockenen Fußes überqueren konnte, sind Beweise für den lebhaften Verkehr, den florierenden Handel und die Ordnung im städtischen Leben. Man kann sich leicht den regen Verkehr der Karren vorstellen, die, vom Hafen an der Mündung des Sarno kommend, auf der monumentalen Via Stabiana die Güter in die Stadt hinaufschafften, die für den Handel mit dem Hinterland bestimmt waren. Wir können auch die Stille in den kleinen Privatstraßen fühlen, die an den Straßenkreuzungen übertönt wird von den lärmenden, bunten Gruppen der Handwerker, Geschäftsleute und Sklaven auf den Hauptstraßen, die etwa zum Forum gehen, um ein Geschäft abzuschließen oder sich in einer ruhigen Ecke zu unterhalten, während andere wiederum zum Amphitheater gehen, um sich an den Gladiatorenkämpfen zu begeistern. Schon während der samnitischen Zeit mußten die Aedilen Maßnahmen ergreifen, um den Fußgänger- und Karrenverkehr zu begrenzen und zu regeln. Während des 1. Jahrhunderts v. Chr. wurden die Straßen gepflastert, und der Karrenverkehr wurde auf dem Forum, rund um das Amphitheater und in den Privatstraßen verboten, was sich aus Steinschwellen und Toren erschließen läßt. An den Straßenecken wurden einfache Brunnen installiert; sie bestanden aus kleinen Bekken, über die sich eine schmale Säule erhob, die mit einem Relief verziert war, aus dem das Wasser spritzte. Die Brunnen dienten dem öffentlichen Wohl, da die Häuser in den ärmeren Vierteln keine eigene Wasserversorgung hatten. In einer Gegend vulkanischen Ursprungs, wie in der von Pompeji, stellt die Wasserversorgung ein ernstes Problem dar. Zu Anfang deckte man den Bedarf mit Regenwasser, das von den Dächern in die Becken der Atrien und Zisternen unter den Häusern geleitet wurde. Später wurden Brunnen gegraben, die den Lavaboden durchstachen und bis zum Grundwasserspiegel oft eine Tiefe von dreißig Metern erreichten. Zuletzt, in der römischen Zeit, wurde Pompeji über ein Aquädukt versorgt, das auf Befehl des Augustus erbaut worden war. Das Wasser wurde in der Stadt über ein Leitungsnetz aus Bleirohren verteilt, die an das Hauptreservoir – das «Castellum aquae» – angeschlossen waren. Es befand sich am höchsten Punkt der Stadt, nahe der Porta Vesuvio.

Die Gebäude für öffentliche Veranstaltungen

Der Lavarücken, auf dem Pompeji erbaut ist, endet im südwestlichen Teil der Stadt ganz plötzlich in steilen Klippen. Den Seeleuten, die an der darunterliegenden Küste entlang oder den Sarno hinaufsegelten, und auch den die Ebene überquerenden Reisenden muß dieser Teil wie die Akropolis der Stadt erschienen sein. Er wird von dem ehrwürdigen, alten Tempel der Hera und Minerva gekrönt, der fünfundneunzig dorische Säulen besitzt und aus der zweiten Hälfte des 6. Jahrhunderts v. Chr. stammt. Dieser Ort wurde wegen seiner Umrisse das Dreieckige Forum genannt. Zum Ende des 3. und anfangs des 2. Jahrhunderts v. Chr., als die hellenistische Kultur in voller Blüte stand, und die Wirtschaft der Stadt florierte, wurden um das Dreieckige Forum herum eine Reihe von Gebäuden erbaut, zu denen in der römischen Zeit noch weitere hinzukamen. Dank einer intelligenten und inspirierten Stadtplanung – die hier ein Zentrum für öffentliche Veranstaltungen vorsah – wurden die Bauwerke so ausgelegt, daß man bis an die Grenzen der natürlichen Gegebenheiten gehen konnte.

Neben dem beeindruckenden Eingang zum Dreieckigen Forum befindet sich die Samnitische Palaestra, die im späten 2. Jahrhundert hinter dem großen Theater erbaut wurde. Das kleine, rechteckige Gebäude mit eleganten dorischen Kolonnaden an drei Seiten wurde laut Inschrift vom Quästor Vibius Vinicius dank der Freigebigkeit des Vibius Adiranus erbaut. Es diente den vornehmen jungen Leuten von Pompeji, die Mitglieder einer Vereinigung waren, für gymnastische Übungen. Der Charme und die Zweckbestimmung des Gebäudes rufen das griechische Ideal von der Brüderlichkeit der Epheben in Erinnerung, und der junge Athlet war ja auch das Idealbild des griechischen Schönheitssinnes. Es war wahrscheinlich kein reiner Zufall, daß die berühmte Marmorkopie des *Doryphoros* von Polyklet gerade in der Palaestra gefunden wurde.

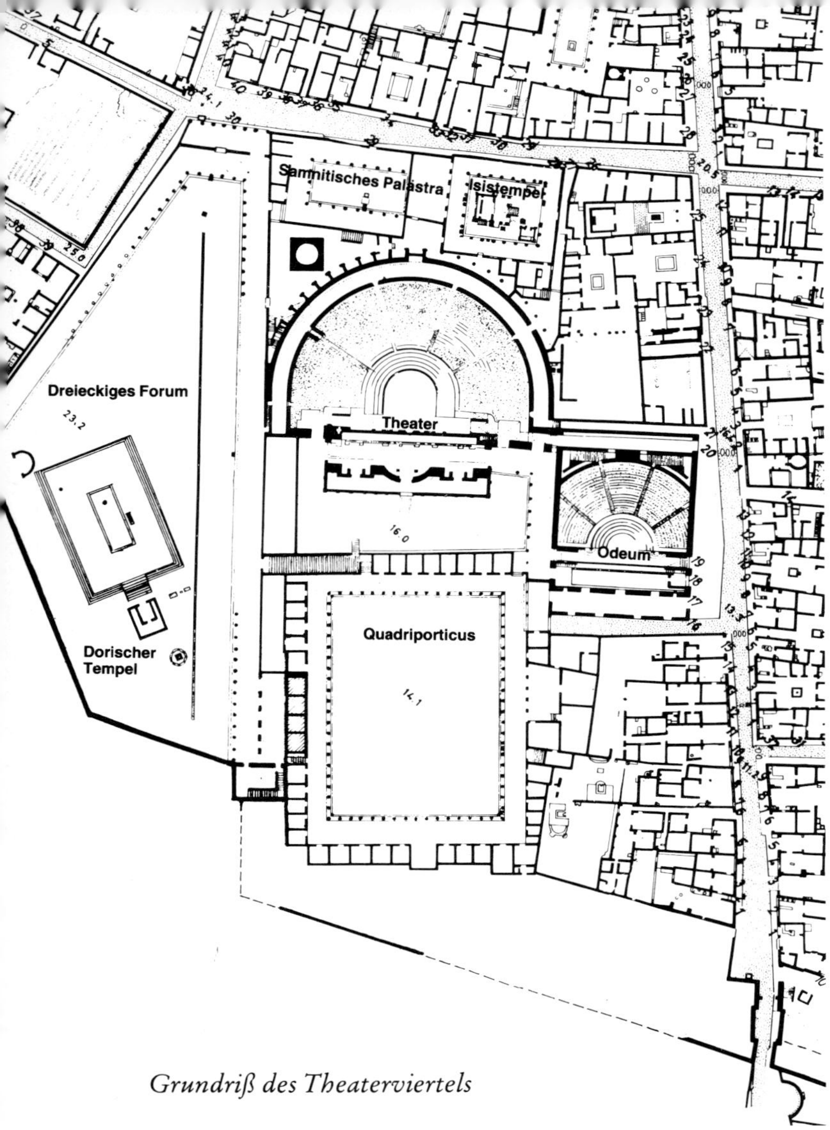

Grundriß des Theaterviertels

Das Große Theater wurde zwischen 200 und 150 v. Chr. am Hang des Hügels erbaut, auf dem sich der dorische Tempel erhebt. Theater und Tempel sind entsprechend der griechischen Tradition als geistige Einheit zu sehen; das Theater ist dem heiligen Ort aufgrund des Glaubens beigegeben, daß der Grundcharakter der Darstellungen religiöser Art ist. Das Große Theater ist in seinem Aufbau typisch griechisch: Die *cavea,* die Ränge mit den halbkreisförmigen Sitzreihen für annähernd fünftausend Besucher, ist in den Abhang des Hügels eingefügt und weist, wie moderne Bühnen auch, die Form eines Pferdehufes auf. Der Bau wurde im Laufe der Jahrhunderte dank der Großzügigkeit reicher Bürger häufig umgebaut und ausgebessert. Zum Ende des 1. Jahrhunderts v. Chr. ließen Marcus Holconius Rufus und Marcus Holconius Celer die unterirdischen Gänge und Räume und die *cavea* erneuern. Der Reichtum der Holconii beruhte auf dem Weinanbau und -handel, ihr Ruf war weitverbreitet und viele Weine trugen ihren Namen. Ihre politischen Ambitionen entsprachen ihrem Reichtum und ihrer Berühmtheit. Was konnte auch eine bessere Wirkung auf die öffentliche Meinung ausüben als die Wiederherstellung eines so wichtigen und häufig besuchten Gebäudes auf eigene Kosten. Die außerordentliche Karriere der beiden Brüder machte weiterhin Fortschritte und die dankbare Bevölkerung errichtete zu ihren Ehren im Theater eine Statue.

Hinter der Bühne befand sich ein sehr großer von Kolonnaden umgebener Hof. Vitruv, der berühmte römische Architekt, der gegen Ende der republikanischen Ära wirkte, war der festen Meinung, daß ein Portikus, in dem man während der Pausen herumgehen und sich unterhalten konnte, einfach zu jedem Theater gehört. Das Publikum konnte diesen sogenannten *Quadriporticus* nicht nur direkt vom Theater und vom Dreieckigen Forum her betreten, sondern auch von der Stabianer Straße her und zwar durch einen Durchgang auf der Rückseite des Kleinen Theaters. Das heißt, der Hof wurde auch dann benutzt, wenn nicht gerade Vorstellungen stattfanden. Nach dem Erdbeben im Jahre 62 n. Chr. wurde das Bauwerk für andere Zwecke verwendet und deutlich verändert. Entlang der inneren Mauern wurden über zwei Stockwerke kleine Zimmer angebaut, der Zugang von der Stabianer Straße wurde geschlossen, und der Eingang vom Dreieckigen Forum her wurde umgebaut. Der Hof wurde in Baracken für die Gladiatoren umgewandelt, und der neue Verwendungszweck wird von zahlreichen Funden, die während der Ausgrabungen gemacht wurden, bestätigt: Helme, Schwerter, Beinschienen – einige von ihnen mit griechischen mythologischen Szenen sehr reich geschmückt –, die wahrscheinlich bei Aufmärschen getragen wurden. Die goldbestickten Uniformen, von denen Reste in zwei Kisten gefunden wurden, die sich in einem Zimmer im Erdgeschoß befanden, dienten sicher denselben Festlichkeiten, die immer aus Anlaß der Gladiatorenkämpfe stattfanden.

Die Errichtung des überdachten Kleinen Theaters zwischen 80 und 75 v. Chr. – zur Zeit des Sulla – vervollständigte das städtebauliche Ziel und den Gesamteindruck dieses interessanten Stadtviertels. Das Kleine Theater ist eines der schönsten Beispiele antiker Theaterarchitekturen: Die Gewalt der äußeren Mauern, die halbkreisförmig angelegte *cavea,* die hellenistisch beeinflußten Dekorationselemente und der vielfarbige Marmorfußboden der Orchestra harmonieren sehr gut miteinander und bilden eine geschlossene Einheit. Die Aufführungen, die hier gegeben wurden, fanden ganz sicher für ein ausgesuchtes, gebildetes und urteilsfähiges Publikum statt, kann doch das Kleine Theater nicht mehr als fünfzehnhundert Besuchern Platz bieten. Es ist ein *Odeion* (Odeum) mit festem Dach, weshalb in ihm auch Konzerte stattfanden. Seine Erbauung geht auf zwei hohe Beamte, nämlich Marcus Porcius und Caius Quintius Valgus zurück. Valgus ist der bekanntere der beiden, denn er war ein ergebener Anhänger des Sulla und war bei der Eroberung von Pompeji in dessen Gefolge, nachdem er sich während der Zeit der Diktatur schon die eigenen Taschen auf Kosten der Bevölkerung der Gegend von Irpinia gefüllt hatte. Die Freigebigkeit des Valgus in Pompeji – er hat auch das Amphitheater auf eigene Kosten erbauen lassen – war Teil der vielschichtigen politischen Strategie der Römer: «Gewinne die Sympathien der Eroberten, indem du ihnen diejenigen öffentlichen Arbeiten finanzierst, an denen sie am meisten interessiert sind.»

Die baulichen Veränderungen des von Kolonnaden umgebenen Hofes sind ein Zeichen dafür, daß sich Gewohnheiten, Geschmack und Verhalten veränderten. Die Eroberung durch die Römer hatte das rasche Anwachsen des internationalen Handels zur Folge und die Händler, Freigelassene – die «neuen Männer», nahmen als aufstrebende Klasse den Platz ein, den vor ihnen die alten Patrizier innehatten, die in der hellenistischen Tradition erzogen worden waren. Die Kunst des Theaters, die durch die Schilderung großer Schicksale soviel edle Anteilnahme hervorgerufen hatte, lag darnieder; die Gruppen der Sklaven, Händler und Handwerker, die die Straßen und Foren bevölkerten, begeisterten sich für die Gladiatoren und nicht für das Theater. Das Amphitheater in Pompeji begann, Gestalt anzunehmen. Es gab entscheidende Gründe dafür, es an der südöstlichen Stadtgrenze zwischen dem Sarnus Tor und dem Nuceria Tor zu erbauen: Die Fläche dort war leer, groß und eben; die Baukosten konnten verringert werden durch Einbeziehung eines Teils der alten Stadtmauer, die ihren ursprünglichen Zweck als Verteidigungsanlage verloren hatte, als bauliche Verstärkung und Unterstützung; der leichte Zugang für Besucher aus den umliegenden Städten war hier gegeben. Die Arbeit am Amphitheater begann etwa 80 v. Chr. und war nach einigen Jahren beendet. Das Ausmaß der Verpflichtungen und, proportional dazu, die Kosten, die sich die hohen Beamten aufluden, waren enorm. Das Amphitheater hatte eine elliptische Form mit einer Arena in der Mitte. Die Sitzreihen für die Besucher konnten entweder durch innenliegende Gänge oder außen angebaute Treppen erreicht werden. In der obersten Reihe waren riesige Steinringe eingelassen, an denen die großen Sonnensegel aufgehängt waren, die dem Publikum Schutz vor der brennenden Sonne boten. Die in Kampanien tief verwurzelte Leidenschaft für Gladiatorenspiele hat kultische Ursprünge. In prähistorischen Zeiten waren sie ein Teil der Bestattungsriten und der religiösen Zeremonien und fanden auf den Foren und nahe der Friedhöfe statt. Es kann keinen Zweifel daran geben, daß sie im Leben der Städte eine bedeutende Rolle spielten; das wird durch die Tatsache unterstrichen, daß es zahllose Wandinschriften in Pompeji gibt, in denen Gladiatorenkämpfe angekündigt werden, oder in denen einzelne Gladiatoren als Helden der Arena oder als Wunschtraum der Frauen bezeichnet werden. Es ist durchaus nicht ungewöhnlich, daß eines der wenigen belegten historischen Ereignisse im Leben der Stadt direkt mit dem Amphitheater zusammenhängt. In einem Abschnitt seiner *Annales* spricht Tacitus von einem «grausamen Massaker» (59 n. Chr.) zwischen Pompejanern und Nucerianern, hervorgerufen durch «unbedeutende Anlässe während der Gladiatorenspiele»; die Stadt wurde streng bestraft, denn das Amphitheater wurde auf die Dauer von zehn Jahren geschlossen. Des Ereignisses wird in einer Wandmalerei gedacht, die ganz nahe dem Ort des Geschehens gefunden wurde. Sie ist ein bemerkenswertes Beispiel des Kunsthandwerks, das nicht nur die Geschichte des Streits erzählt, sondern auch die Aufregung der Menge festhält sowie die Händler, die improvisierte Stände aufstellen und ihre Waren zu verkaufen beginnen.

Während der Kaiserzeit wurde nahe beim Amphitheater die Große Palaestra erbaut; sie war das Hauptquartier des Collegium Juvenum (Jugendvereinigung), das von Augustus gegründet wurde. Das viereckige Bauwerk war riesig – jede Seite 131 Meter lang. An drei Seiten befanden sich Portiken, und in der Mitte lag ein großes Freiluftschwimmbad. Zahlreiche riesige Sykomoren, die im Hof angepflanzt worden waren, spendeten den jungen Athleten Schatten.

Grundriß des Amphitheaters und der großen Palästra

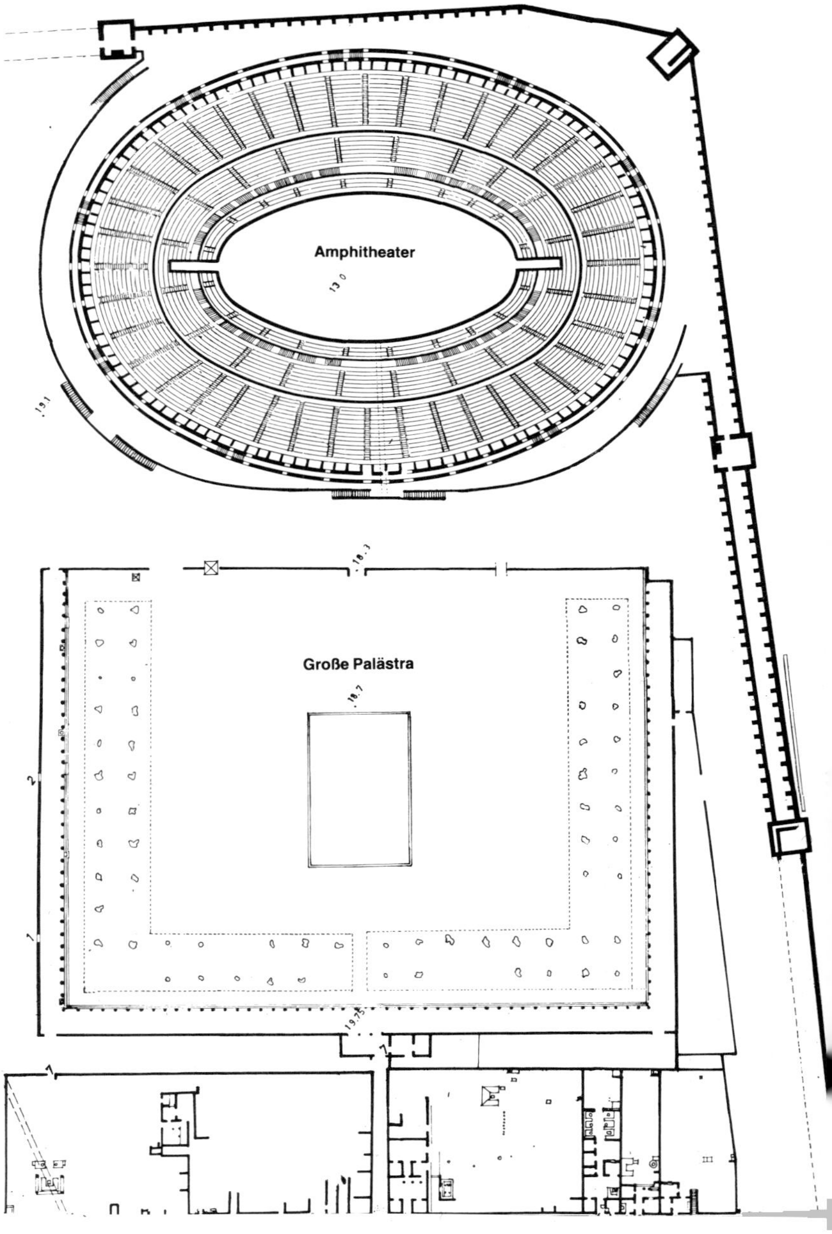

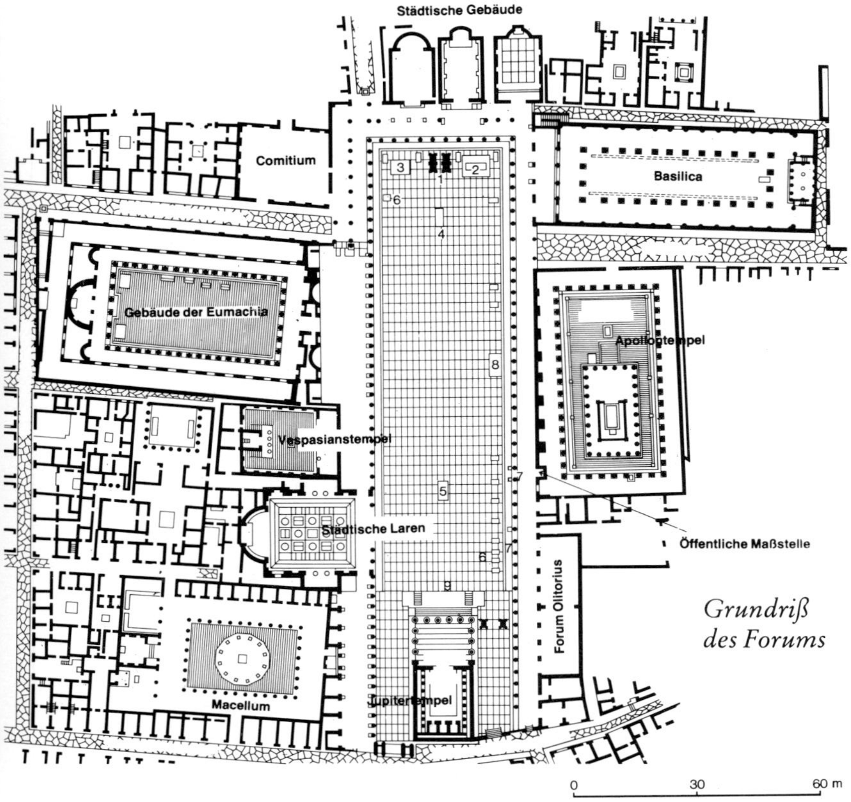

Grundriß des Forums

Das Forum

Die Stelle, an der sich das Forum befindet, war ursprünglich der Marktplatz für das einfache Dorf Pompeji und für die einheimische Bevölkerung auf dem Plateau des Sarno. Dieses Areal war den meisten der bedeutenden Gottheiten geweiht. Es behielt ständig seine Funktion bei und wurde während der Jahrhunderte immer weiter ausgeschmückt, bis es sein großartiges Aussehen erreicht hatte, dessen verbliebene Reste unsere heutigen Zeitgenossen immer noch in Staunen versetzen. Der weite, rechteckige Platz – 32 Meter mal 142 Meter – wurde im zweiten Jahrhundert v. Chr. mit einer zweistöckigen dorischen Kolonnade aus grauem nucerianischem Tuff umgeben. Dieselbe Gesteinsart wurde auch für das Pflaster des Platzes verwendet. Während der Kaiserzeit wurde damit begonnen, den Tuff durch Travertin zu ersetzen. Statuen – von denen heute nur noch die Basen vorhanden sind – zu Ehren bedeutender Bürger, berühmter Personen und Mitglieder der Kaiserfamilie schmückten den Platz, der, in seiner harmonischen architektonischen Erscheinung, wie ein großer Empfangssaal ausgesehen haben muß, in dem sich die emsigen Bürger trafen. Hinter den Kolonnaden zeichneten sich die verschiedenen öffentlichen Gebäude ab, in denen die politischen, wirtschaftlichen und religiösen Belange der Stadt abgewickelt wurden.

An der Südseite wird der Platz von drei Gebäuden begrenzt: Das mittlere war wahrscheinlich das *Tabularium*, in dem sich das Archiv der Akten der Stadtverwaltung befand, die beiden anderen Gebäude waren die Amtsräume der hohen Beamten. In der Südostecke steht das *Comitium,* in dem die Wahlen für die öffentlichen Ämter abgehalten wurden. Die Mauern dieses Gebäudes, die ihre Stuck- und Marmorverkleidung verloren haben, erzählen uns nichts mehr von den Leidenschaften und Konflikten, die die Politik belebten; die Zeugen hierfür sind unter den Inschriften an den Häuserwänden zu finden, mit denen Kandidaten und politische Programme angepriesen werden.

Geschäftsabschlüsse getätigt und Recht gesprochen wurde in der Basilika, die sich zur Südwestecke des Forums hin öffnet. Die Rechtsanwälte diskutierten mit ihren Klienten die Fälle durch, während sie darauf warteten, daß die Richter ihre Plätze einnahmen, und die Händler tätigten ihre Käufe und Verkäufe in den drei Schiffen, in die die Basilika unterteilt war. Die Basilika wird von mächtigen Ziegelsäulen getragen, die mit Stuck verkleidet sind. Sie wurde im 2. Jahrhundert v. Chr. erbaut, und man nimmt an, daß es sich hier um das älteste Gebäude dieses Typs handelt.

Besser zu erkennen sind die wirtschaftlichen Aktivitäten am Forum in einigen anderen Gebäuden. Am nordwestlichen Teil des Platzes befindet sich der Portikus, der als *Forum Olitorius* (Gemüsemarkt) bekannt ist, wo getrocknete Hülsenfrüchte und landwirtschaftliche Produkte gekauft und verkauft wurden. Direkt daneben, an die Außenmauer des benachbarten Apollotempels angebaut, befand sich die *Mensa Ponderaria* (öffentliches Amt für Maße und Gewichte), wo zwei eigene Beamte Gewichte in Vertiefungen in einer Kalksteinplatte überprüften, um das wirtschaftliche Ethos aufrechtzuerhalten.

Das *Macellum* (Markt), in dessen Fassade die Stuben der Geldwechsler eingebaut waren, befand sich im nordöstlichen Teil. Die Räume am hinteren Ende des Bauwerks dienten dem Kaiserkult; in den Läden unter der überdachten Portico wurden verschiedene Lebensmittel verkauft: Fisch wurde an dem kreisförmigen Stand in der Mitte verkauft.

Unter den pompejanischen Handwerkern muß den Walkern, die wollene Kleidungsstücke herstellten, walkten und färbten, eine große Bedeutung zugesprochen werden. Dank der zahlreichen vorhandenen Werkstätten ist es möglich, die verschiedenen Arbeitsgänge bei diesem Handwerk, für das Pompeji berühmt war, zu dokumentieren. Die Walker waren in einer mächtigen und in sich geschlossenen Gilde vereinigt, und einige ihrer Mitglieder nahmen bedeutende politische Ämter ein. Wir haben einen Beweis für ihre Macht und Solidität in dem eleganten Gebäude, das zwischen 20 und 30 n. Chr. von der Adeligen Eumachia, Priesterin der Venus und Protektorin der Gilde, erbaut wurde. Das Bauwerk wurde als Kaufhaus und Markt für Wollkleidung verwendet und bestand aus einem Freilufthof, der von einem prächtigen Portikus umgeben war. Eine Nische ganz hinten enthielt eine Statue der *Concordia Augusta,* der das Bauwerk

geweiht war; eine Statue der Eumachia ließen die Mitglieder der Walkergilde im Inneren als Zeichen ihrer Dankbarkeit errichten.
Die sakralen Gebäude des Forums sind besonders interessant. Das *Sacellum* der Laren und der Tempel des Vespasian liegen auf der östlichen Seite des Platzes. Das Nordende wird vom bedeutenden Tempel des Jupiter begrenzt, der, mit dem Vesuv im Hintergrund, dem Auge einen imposanten Anblick bietet. Der Bau wurde im 2. Jahrhundert v. Chr. begonnen und läßt in seiner hohen Basis und den monumentalen Treppen seinen italischen Ursprung erkennen. Er wurde nach der Eroberung Pompejis durch Sulla erheblich umgebaut und entsprechend dem römischen Brauch der kapitolinischen Dreiheit geweiht: Jupiter, Juno und Minerva. Dieser Tempel wurde durch das Erdbeben im Jahre 62 n. Chr. schwer beschädigt, und zur Zeit des Vulkanausbruchs war man immer noch mit den Wiederaufbauarbeiten beschäftigt. Der ernstblickende monumentale Kopf des Jupiter und die beeindruckenden architektonischen Dekorationselemente, die man bei den Ausgrabungen fand, entsprechen der Bedeutung des heiligsten Tempels der Stadt.
Der Tempel des Apollo erhebt sich an einer Stelle, von der man annimmt, daß sie dem Gott schon seit dem 6. Jahrhundert v. Chr. geweiht ist; er liegt zwar an der Westseite des Forums, sein Eingang befindet sich aber in der Via Marina. Der Tempel wurde auf einer breiten Basis *(podium)* innerhalb eines Portikus mit schlanken ionischen Säulen errichtet; in ihm waren Statuen des Gottes und seiner verschiedenen Begleiter aufgestellt. Im Laufe der Jahrhunderte wurden an diesem heiligen Ort die Kulte anderer Gottheiten mit dem des Apollo verbunden. Es wurde nicht nur eine Statue der Diana, der Jägerin, auf einer Basis vor den Säulen neben der Statue des Apollo aufgestellt, sondern auch noch andere wurden dieser Gruppe hinzugefügt: Venus, Merkur und Hermaphrodit, eine fremdartige Gottheit aus alten Zeiten, deren Kult in der Antike, besonders zur hellenistischen Zeit, weitverbreitet war.
Da es vom internationalen Handel, der natürlich auch einen kulturellen und künstlerischen Austausch mit sich brachte, völlig in Anspruch genommen war, unterlag Pompeji nicht nur dem griechischen Einfluß, sondern war auch nicht in der Lage, sich religiösen Gedanken und Glaubensrichtungen aus Ägypten zu entziehen: Der Tempel der Isis, der auf der Rückseite des Großen Theaters erbaut wurde, ist ein klarer Beweis hierfür. Die Überreste des Tempels selbst, der Bereich für die Reinigungsriten, die Räume der Priester und die Hallen, in denen sich die Eingeweihten trafen, lagen alle innerhalb eines begrenzten Gebietes, das von einer hohen Mauer umgeben war. In den Ruinen fand man Geräte für den Kult und Abbilder anderer Gottheiten, die mit der Religion der Isis verbunden waren. Die Malereien mit ägyptischen Szenen und Figuren, mit denen die Räume ausgeschmückt waren, der architektonische Plan, die zahlreichen Überreste, selbst wenn es sich nur um Fragmente handelt, das alles weist darauf hin, daß der Tempel von Pompeji eines der vollkommensten Heiligtümer der Isis in der graecoromanischen Welt gewesen sein muß.
Hinter dem Tempel des Jupiter befinden sich die Thermen des Forums. Die Reihenfolge des kalten, warmen und heißen Bades folgte den Vorschriften der antiken medizinischen Praxis. Dementsprechend bestanden Thermen hauptsächlich aus einem *frigidarium,* einem *tepidarium* und einem *caldarium,* mit zusätzlichen Portiken für gymnastische Übungen und einem Freiluftschwimmbecken. Die Thermen waren jedoch nicht nur ein hygienischer Service; sie ermöglichten es den schwer beschäftigten Bürgern der Stadt, sich zu entspannen und der Jugend, stundenlang in der Gesellschaft von Freunden herumzufaulenzen. Die zunehmende Besucherzahl und der Erfolg der Thermen führte dazu, daß neue gebaut und die alten restauriert wurden, wobei man eine neuere und bessere Technik zur Raumheizung, das *concameratium,* anwandte; es handelte sich um einen doppelten Fußboden und doppelte Wände, zwischen denen die heiße Luft zirkulieren konnte. In einem Zeitraum von drei Jahrhunderten wurden in Pompeji vier öffentliche Thermen gebaut; die letzten, die sogenannten Zentralen Thermen, waren noch nicht ganz fertiggestellt, als sie von der Asche des Vesuvs begraben wurden. Die Thermen des Forums wurden etwa 80 v. Chr. erbaut, als die aus dem 2. Jahrhundert v. Chr. stammenden Stabianer Thermen renoviert werden mußten. Der Grundriß der Thermen des Forums war derselbe wie der ihres Stabianer Gegenstückes, wenn auch etwas kleiner. Der Heizungsbau zum Erwärmen von Luft und Wasser befand sich zwischen den beiden Gebäudeteilen, die nach Männern und Frauen getrennt waren. Die Reihenfolge der verschiedenen Bäder war in beiden Gebäuden gleich, es scheint aber so, daß die Männerabteilung verschwenderischer ausgestattet war, denn das *tepidarium* war mit eleganten und raffinierten Stuckreliefs ausgeschmückt.

Das Haus

Der größte Teil der Bautätigkeit in der Stadt betraf natürlich die Privathäuser. Der Mensch offenbart seine Kultur und seine Zivilisation viel eher in seinem Haus als in irgendeinem Monument. Genau deshalb stellt Pompeji ein derart unbezahlbares Dokument dar. Der älteste Haustyp, der auf das 4. und 3. Jahrhundert v. Chr. zurückgeht, enthüllt in seiner italischen Struktur und seinen strengen und bestimmten Formen den stolzen Charakter des samnitischen Adels. Ein kurzer Gang führt zum Atrium, wo im *impluvium* das vom Dach laufende Regenwasser gesammelt wurde; kleine Schlafzimmer öffneten sich zum Atrium hin; am rückwärtigen Ende befand sich das *tablinium,* der wichtigste Teil des Hauses, wo sich die Familie traf, und wo das Andenken der Vorfahren durch einfache Abbildungen wachgehalten wurde; auf der Rückseite des *tabliniums* befand sich ein kleiner Garten, der, wie das übrige Haus auch, von einer Mauer umgeben war. Nahezu alle Häuser dieses Typs wurden im zweiten Jahrhundert v. Chr. erweitert, inden man ein *tricli-*

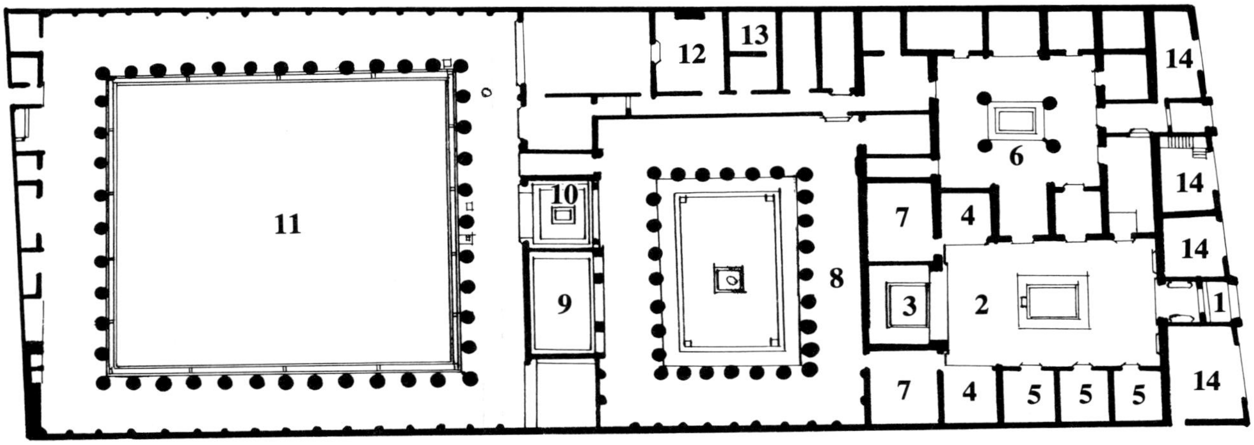

Haus des Fauns

1 Eingang
2 tuskanisches Atrium
3 Tablinum (Empfangsraum)
4 Alae
5 Cubicula (Schlafräume)
6 viersäuliges Atrium
7 Triclinia (Eßräume)
8 Peristyl
9 Alexander Exedra
10 Sommertriclinien
11 Großes Peristyl
12 Küche
13 Bad
14 Tabernae (Geschäfte)

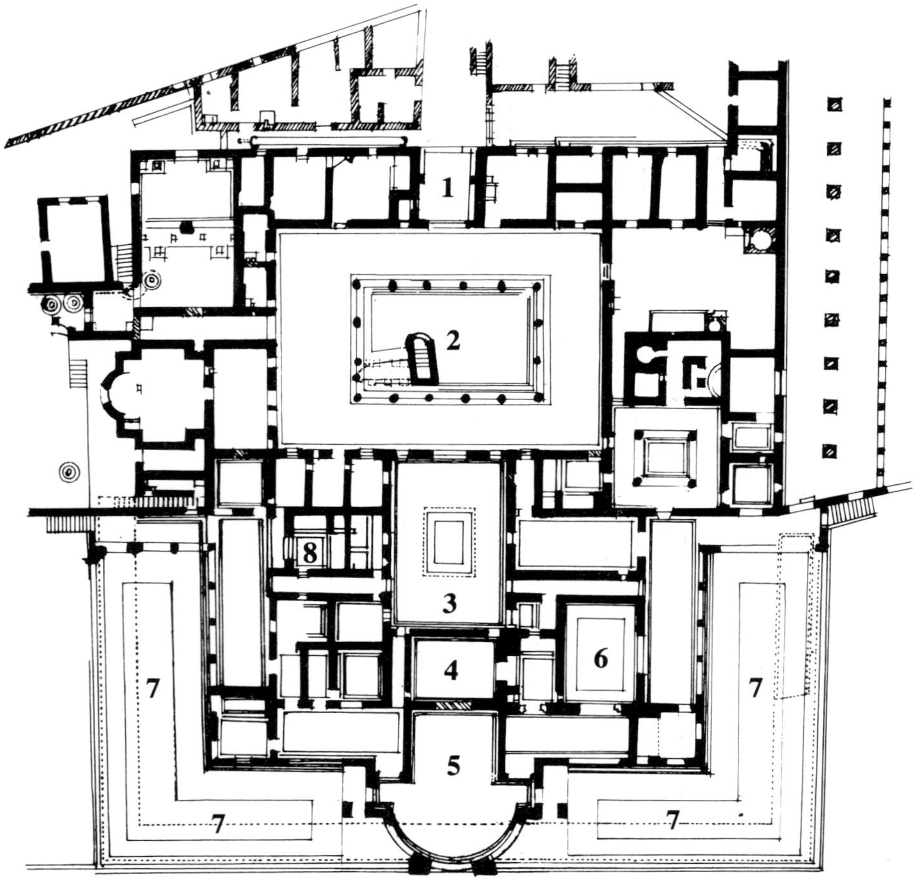

Mysterienvilla

1 Eingang
2 Peristyl
3 Atrium
4 Tablinum
5 Terrassenraum mit halbkreisförmiger Exedra
6 Raum des dionysischen Frieses
7 Viridarium, Gartenterrasse
8 Cubiculum mit Dekoration im zweiten Stil

nium, ein Peristyl oder andere Räume anbaute, deren Namen auf ihren hellenistischen Ursprung hinweisen. Das sogenannte hellenistische Haus war daher wesentlich geräumiger und besser organisiert. Das Peristyl (der Garten mit Portiken, der sich hinter dem *tablinium* erstreckt), das *triclinium* und der *oecus* (ein Raum für Bankette und Empfänge) sind Zeugen einer florierenden Wirtschaft, die auf dem Export von landwirtschaftlichen Produkten beruhte, zu denen Wein und Öl gehörten, die aufgrund der Fruchtbarkeit des Bodens und des Könnens der Landbesitzer Jahr für Jahr im Überfluß geerntet werden konnten. Die Römer hatten diesen Häusern mit den reichen Fresken und Mosaiken, der vornehmen Einrichtung und dem raffinierten Tischgerät wenig hinzuzufügen. Nach dem Erdbeben im Jahre 62 n. Chr. ist in diesen Häusern eine Verarmung festzustellen, was ein deutliches Zeichen für die danach herrschende Krise ist. Räume, die sich zu den Straßen hin öffneten, wurden als Läden vermietet und zusätzliche Stockwerke wurden aufgebaut, man konnte es sich nur noch leisten, die Häuser nach oben zu erweitern. Neben den Häusern der Reichen gab es solche der Mittelklasse, die aus wenigen Zimmern bestanden und nicht nach einem einheitlichen Plan erbaut wurden. Schließlich gab es noch die Unterkünfte der Armen: ein einfaches Zimmer, das meist als Laden verwendet wurde, und ein Bett, das in einem einfachen Mezzaningeschoß aufgestellt war.

Als Pompeji während des 2. Jahrhunderts v. Chr. immer dichter bevölkert wurde, begann man auch außerhalb der Stadtmauer und der für die Nekropolen und den Totenkult vorgesehenen Bereiche zu bauen. Hier finden sich die Vorstadtvillen, die von reichen Leuten gebaut wurden, die das ruhige, friedliche Landleben dem Lärm der Stadt vorzogen. Sie umgaben sich mit Objekten und Malereien von hohem künstlerischem Geschmack, die auch Zeichen einer aristokratischen Lebensanschauung waren, die langsam zu verschwinden begann.

Die sogenannte Villa der Mysterien ist sicherlich die berühmteste dieser Vorstadtvillen. Sie wurde in der ersten Hälfte des 2. Jahrhunderts v. Chr. erbaut und erlebte einige Wechselfälle während ihrer Existenz. Gleich zu Anfang wurde sie mit den berühmten Malereien versehen, von denen sie ihren Namen hat; später wurde sie mit weiteren ausgeschmückten Zimmern vergrößert und um zusätzliche Unterkünfte für Diener erweitert. Während ihrer letzten Jahre – von 62 bis 79 n. Chr. – wurde sie gänzlich zweckentfremdet: Ein Besitzerwechsel, wobei den neuen Besitzern jegliches Gespür für ihren künstlerischen Wert abging, führte dazu, daß sie in einen großen landwirtschaftlichen Betrieb umgewandelt wurde. Das ist ein Zeichen für sich ändernde Notwendigkeiten, historische Veränderungen und das Ende einer Epoche, das uns die Natur, wie als ein mahnendes Beispiel, in den erhalten gebliebenen Steinen setzt.

AUSGEWÄHLTE BIBLIOGRAPHIE

G. Fiorelli: Gli Scavi di Pompei dal 1861 al 1872. Napoli, 1873.

E. Bulwer-Lytton: The Last Days of Pompeii. London, 1834.

J. Sogliano: Gli Scavi di Pompei dal 1873–1900. Roma, 1904.

Museo Nazionale di Napoli: Pitture murali e mosaici nel Museo Nazionale di Napoli. Roma, 1932.

E. Pernice: «Pavimente und figürliche Mosaiken», in: Die hellenistische Kunst in Pompei, VI. Berlin, 1938.

R. Bianchi-Bandinelli, «Tradizione ellenistica e gusto romano nella pittura pompeiana», in: La critica d'arte, 1941.

C. M. Dawson: Roman-Campanian Mythological Landscape Painting. New Haven, 1944.

A. Maiuri: L'ultima fase ędilizia di Pompei. Roma, 1942.

– Pompei ed Ercolano tra case e abitanti. Padova, 1950.

A. De Franciscis: Il ritratto romano a Pompei. Napoli, 1951.

K. Schefold: Pompejanische Malerei, Sinn und Ideengeschichte. Basel, 1952.

M. M. Gabriel: Masters of Campanian Painting. New York, 1952.

A. Maiuri: Roman Painting. Geneva, 1953.

P. W. Lehmann: Roman Wall Paintings from Boscoreale in the Metropolitan Museum of Art. Cambridge, Mass., 1953.

L. Richardson: «Pompeii, The Casa dei Dioscuri and its Paintings», in Memoirs of the American Academy in Rome, XXIII, 1955.

K. Schefold: Die Wände Pompejis, Berlin, 1957.

G. O. Onorato: Iscrizioni pompeiane: La vita publica. Firenze, 1957.

A. & B. Maiuri: Museo Nazionale di Napoli. Novara, 1957.

R. Siviero: Jewelry and Amber of Italy: A Collection in the National Museum of Naples. New York, 1959.

M. Brion: Pompeii and Herculaneum. New York, 1960.

A. Maiuri: Pompei, Ercolano, e Stabia, le citta sepolte dal Vesuvio. Novara, 1961.

M. Bieber: The History of the Greek and Roman Theater. Princeton, 1961.

A. De Franciscis: Il Museo Nazionale di Napoli. Cava dei Tirreni, 1963.

C. L. Ragghianti: Pittore di Pompei. Milano, 1963.

R. Etienne: La Vie Quotidienne à Pompei. Paris, 1966.

A. De Franciscis: La pittura pompeiana. Firenze, 1968.

W. Leppmann: Pompeii in Fact and Fiction. London, 1968.

H. Menzel: Antike Lampen. Mainz, 1969.

M. Grant: Cities of Vesuvius: Pompeii and Herculaneum. London, 1971.

Guadagno, Giuseppe/Carafa, Rosa: Pompeji, Herculaneum und Stabiae. Athesia, 1973.

M. Grant, A. De Simone, M. T. Merella: Eros in Pompei. List Verlag, 1975.

T. Kraus: Pompeii and Herculaneum, the Living Cities of the Dead. New York, 1975.

E. La Rocca, M. & A. De Vos, and F. Coarelli: Guida di Pompei, Milano, 1976.

R. Trevelyan: The Shadow of Vesuvius: Pompeii a.d. 79. London, 1976.

Matt, Leonard von: Lebendiges Pompeji, DuMont, 1977.

Eschebach, Hans: Die Stabianer Thermen in Pompeji, de Gruyter 1979.

Seaford, Richard: Pompeji, Langewiesche, 1979.

Coarelli, Filippo: Lübbes archäologischer Führer Pompeji, 1979.

Corti, Egon: Untergang und Auferstehung von Pompeji und Herculaneum, Bruckmann.

Bruin Paul/Giegel Philipp: Es geschah vor 1900 Jahren, Luzern, 1979.

BILDNACHWEIS

18 Scala; 19 Archiv Mondadori; 20–21 Mauro Pucciarelli; 21 Archiv Mondadori; 22 Scala; 23 Scala; 24 Mauro Pucciarelli; 25 Antonia Mulas; 26–27 Werner Forman; 28 Scala; 29 Mauro Pucciarelli; 30–31 Federico Arborio Mella; 32–33 Kodansha; 34 Antonia Mulas; p. 35 (oben) Fabrizio Parisio; p. 35 (unten) Mauro Pucciarelli; 36–37 Fabrizio Parisio; 38 Fabrizio Parisio; 39 Fabrizio Parisio; 40 Kodansha; 41 Arte Colore; 42–43 Unedi-Ricciarini; 43 Marcella Pedone; 44 Mauro Pucciarelli; 45 Mario De Biasi; 46 Marka Graphic; 47 (links) Walter Mori, (rechts) Mauro Pucciarelli; 48 Werner Forman; 49 Bevilacqua-Ricciarini; 50 Luisa Ricciarini; 51 Marcella Pedone; 52 Fabrizio Parisio; 53 Antonia Mulas; 54 Mauro Pucciarelli; 55 Antonia Mulas; 56 Scala; 57 Antonia Mulas; 58 Bevilacqua-Ricciarini; 59 Antonia Mulas; 60 Mauro Pucciarelli; 61 (oben) Fabrizio Parisio, (unten) Scala; 62 Josephine Powell; 64 Marcella Pedone; 65 Marcella Pedone; 66–67 Antonia Mulas; 68 Antonia Mulas; 69 The Metropolitan Museum of Art, Rogers Fund; 70 Scala; 71 Mario De Biasi; 72–73 Kodansha; 74 Scala; 75 Scala; 76 Scala; 77 Scala; 78 (oben, links und rechts) Fabrizio Parisio, (unten) Archiv Mondadori; p. 79 Federico Arborio Mella; 80 Walter Mori; 81 Mauro Pucciarelli; 82 Archiv Mondadori; 83 Fabrizio Parisio; 84 Scala; 85 Struewing Reklamefoto; 86–87 Antonia Mulas; 88 Antonia Mulas; 89 Antonia Mulas; 90 Archiv Mondadori; 91 Struewing Reklamefoto; 92 Antonia Mulas; 93 Scala; 94–95 Fabrizio Parisio; 96 Federico Arborio Mella; 97 Fabrizio Parisio; 98 Fabrizio Parisio; 99 Fabrizio Parisio; 100 Fabrizio Parisio; 101 Mirco Tosa; 102 Scala; 103 Michael Holroyd; 104 Werner Forman; 105 Fabrizio Parisio; 107 Fabrizio Parisio; 108–109 Werner Forman; 110 Antonia Mulas; p. 111 (oben) Antonia Mulas, (unten) Archiv Mondadori; 112 Antonia Mulas; 113 Antonia Mulas; 114 Antonia Mulas; 115 (oben) Gaio Bacci, (unten) Wipfler; 116 Gaio Bacci; 117 Gaio Bacci; 118 Fabrizio Parisio; 119 Antonia Mulas; 120–121 Kodansha; 122 Scala; 123 Voltolini; 124 Archiv Mondadori; 125 Mauro Pucciarelli; 126 Mauro Pucciarelli; 127 Mauro Pucciarelli; 128 Antonia Mulas; 129 Antonia Mulas; 130 Antonia Mulas; 131 Mauro Pucciarelli; 132 Antonia Mulas; 133 Antonia Mulas; 134 Mauro Pucciarelli; 135 Mauro Pucciarelli; 136 Fabrizio Parisio 137 Bevilacqua-Ricciarini; 138 Fabrizio Parisio; 139 Mauro Pucciarelli; 140 Antonia Mulas; 141 Walter Mori; 142 Antonia Mulas; 143 Antonia Mulas; 144 Antonia Mulas; 145 Antonia Mulas; 146 Mauro Pucciarelli; 147 Kodansha; 148–149 The Metropolitan Museum of Art; 150–151 The Metropolitan Museum of Art; 152 Fabrizio Parisio; 154 Scala; 155 (links) Fabrizio Parisio, (rechts) Archiv Mondadori; 156–157 Kodansha; 158 Marcella Pedone; 159 Fabrizio Parisio; 160 Fabrizio Parisio; 162–180 Antonia Mulas.

Wir danken Herrn Professor H. Eschebach für den Generalplan von Pompeji von S. 182.

Alle sonstigen Pläne wurden von Andrea Scognamiglio gezeichnet.